일일공부

하루 한 편
삶을 바꾸는 고전 수업

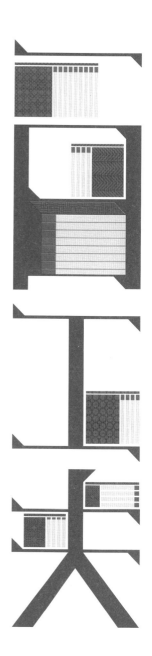

일일공부

하루 한 편
삶을 바꾸는 고전 수업

장유승

민음사

머리말

이 책은 TBS 교통방송 아침 뉴스 프로그램 「열린 아침 송정애입니다」의 매일 코너로 방송되는 '길에서 만난 고전'의 원고를 모은 것입니다. '길에서 만난 고전'은 동양 고전 또는 한국 고전의 한 대목을 통해 시사 뉴스를 논평하는 코너입니다. 출근길에 차에서 듣게 되는 코너이므로 이렇게 이름 지었습니다.

1분이 아까운 출근길처럼 아침 뉴스 프로그램은 늘 시간이 부족합니다. '길에서 만난 고전'은 긴박하게 진행되는 프로그램의 중간에 삽입되어 청취자들의 지친 귀를 쉬게 하는 코너입니다. 저는 우연한 기회로 이 코너의 진행을 맡게 되었습니다.

저는 시사 평론가가 아닙니다. 제 직업은 고전 연구와 강의, 번역입니다. 아무래도 국제 정세와 국내 정치, 경제 동향 따위와는 거리가 있는 직업입니다. 평범한 사회인의 한 사람으로서 뉴스에 귀를 기울이긴 하지만, 시사를 논평할 만한 지식과 안목은 부족합니다. 다만 보편적 상식과 균형 잡힌 시각으로 세상을 보려고 노력할 뿐입니다.

뉴스 프로그램은 원래 이처럼 평범하게 살아가는 사람들을 위한 것입니다. 정치적 중립이 생명인 공영 방송은 더욱 그렇습니다. 뉴스를 듣는 사람들은 공정하고 객관적인 판단을 내리기 위해 전문적인 시사 평론가의 예리한 논평도 듣고 싶어 하지만, 다른 평범한 사람들의 생각은 어떤지도 궁금해하기 마련입니다. 여기에 시대를 초월하여 인간과 사회의 문제를 말하는 고전의 내용을 곁들인다면 청취자의 공감을 얻을 수 있을 것이라는 생각이 들었습니다. 그 덕택인지 '길에서 만난 고전'은 2012년 3월 시작된 이래 지금까지 2년 반이 넘게 방송되고 있습니다. 횟수로는 600회를 넘었습니다.

짧은 분량이지만 매일 새로운 주제로 뉴스와 고전을 접목해서 글을 쓰는 것은 쉬운 일이 아니었습니다. 부적절한 발언이나 편파적인 견해로 물의를 빚을까 걱정이 되기도 했습니다. 무엇보다 듣고 싶지 않은 끔찍한 뉴스가 며칠째 계속되는 가운데 반드시 그에 대해 무언가 말해야 한다는 압박은 견디기 어려웠습니다. 그렇게 하루하루 쓴 글이 쌓여 상당한 분량이 되었습니다. 그중에 다시 읽어 볼 만한 것을 골라 한 권의 책으로 엮기로 했습니다.

방송의 영향력은 막강합니다. 텔레비전은 말할 것도 없고, 아무리 인기 없는 라디오 프로그램이라도 청취자의 수는 수만 명이 넘습니다. 방송은 세상을 바꿀 수 있는 힘을 가지고 있습니다. 하지만 그 영향력은 오래가지 못합니다. 방송은 사람들의 눈과 귀를 스치고 전파와 함께 허공으로 흩어집니다.

다양하고 흥미로운 매체가 범람하는 지금, 책을 읽는 사람은 소수입니다. 베스트셀러 같은 예외적인 경우를 제외하면 책의 독자는 수백 명에서 수천 명에 불과합니다. 게다가 책은 접근이 어려운 매체입니다. 가만히 듣고만 있어도 저절로 귀에 쏙쏙 들어오는 방송과 달리 책은 독자의 집중을 요구합니다. 그렇지만 그 여운은 비교적 길게 남습니다. 책은 다 읽어도 곁에 남아 있고, 독자는 한번 마음에 와 닿은 책을 향해 다시 손을 내밉니다. 책의 힘은 세상을 바꾸기에는 부족할지 몰라도 한 사람의 인생을 바꾸기에는 충분합니다.

고전은 오랜 세월 동안 여러 사람의 인생을 바꾼 책입니다. 고전이 시대를 초월한 가치를 지니는 이유는 현실과 무관하기 때문이 아니라 어떠한 현실과도 관련지을 수 있기 때문입니다. 고전을 잘 읽는 법은 지금 나의 현실과 얼마나 밀접하게 연관 지어 이해하는가에 달려 있다고 믿습니다.

이 책에 소개한 고전의 내용은 한 문장 또는 한 단락에 불과하지만, 우리가 마주한 현실에 비추어 되새겨 볼 만한 것들입니다. 하루하루 쓴 글을 모아 한 권의 책을 만든 것처럼, 독자도 이 책을 읽고 하루하루의 성찰과 실천을 통해 변화와 발전을 이루기를 바라는 마음에서 '일일공부'라는 제목을 붙였습니다.

공부(工夫)는 책을 읽으며 지식을 쌓는다는 의미로 쓰이곤 합니다. 그러나 이것이 공부의 전부는 아닙니다. 농부의 공부는 농사고, 상인의 공부는 장사고, 소림사 승려의 공부는 무술입니다. 그래서 중국 무술을 '쿵후(工夫)'라고도 하는 것이지요. 시간과 노력을 들이는 모든 행위는 공부입니다. 그렇다면 우리는 누구나 매일 공부를 하고 있다고 하겠습니다.

아무리 어려운 공부라도 오랜 시간에 걸쳐 조금씩 나누어 하면 쉬워집니다. 반면 아무리 쉬운 공부라도 하루도 거르지 않고 꾸준히 하기는 어렵습니다. 이런 점에서 일일공부는 쉽지만 어려운 일입니다. 하지만 일일공부야말로 가장 쉽고 확실하게 목표에 도달하는 방법입니다.

사람은 쉽게 달라지지 않습니다. 수십 년이라는 긴 시간 동안 켜켜이 쌓인 생각과 행동이 그 사람을 만들었기 때문입니다. 그렇다면 사람을 바꾸는 방법은 한 가지뿐입니다. 시간과 노력을 들이는 것입니다. 의식적인 노력이 오랜 시간 동안 꾸준히 지속될 때 비로소 사람은 달라지는 것입니다.

『일일공부』를 펴내기까지 많은 분들의 도움이 있었습니다. 오늘도 하루치 프로그램을 만들기 위해 최선을 다하는 교통방송 라디오국 김경래 부장 이하 제작진 여러분, 그리고 두서없는 원고를 교통정리 해 주신 민음사 편집부에 감사드립니다.

2014년 여름

장유승

차례

2

나를 바꾼다는 것

1

내 마음 들여다보기

001 나를 존중하는 마음

우리는 항상 남을 의식하고 남과 비교하며 살아갑니다. 남보다 못하다는 생각이 들면 자존심에 상처를 입기도 합니다. 다른 상처는 참을 수 있어도 자존심의 상처는 참기 어렵습니다. 자존심의 상처를 견디지 못하고 목숨을 끊는 사람도 많습니다. 그러니 우리는 자존심을 지키기 위해 살아간다고 해도 과언이 아닙니다.

하지만 나보다 잘난 사람은 너무나 많고, 그 사람들과 비교하면 나는 정말 초라하기 그지없는 존재입니다. 그렇다면 우리는 늘 자존심에 상처를 입으며 살아야 하는 운명일까요? 해답은 남에게 있는 것이 아니라 나에게 있습니다.

『맹자』「이루 상(離婁上)」편에 "사람은 반드시 스스로를 업신여긴 다음에야 남에게 업신여김을 받는다."라고 하였습니다. 조선 시대 정조 임금도 심환지(沈煥之)에게 보내는 편지에서 이 말을 인용했습니다. 심환지는 조정의 원로 대신이었습니다. 그는 타고난 성격이 조심스러운 데다 오랫동안 정치를 하면서 남의 말과 시선에 지나치게 신경을 쓴 나머지 나이가 들면서 매사에 소극적이고 수동적인 태도로 일관했습니다. 그러자 젊은 관원들은 그를 무시하고 따돌리기 시작했습니다. 이 모습을 지켜본 정조는 심환지에게 편지를 보내 이렇게 말했습니다.

남을 탓할 필요는 없다. 사람은 반드시 스스로를 업신여긴 다음에야 남에게 업신여김을 받는 법이다. 그러니 어떻게 반성하는가에 달려 있을 뿐이다.

남에게 업신여김을 받는 이유는 스스로를 업신여기기 때문이니, 자기 자신을 돌아보고 자존감을 회복하라는 조언입니다. 남이 아니라 나를 돌아보고 나의 존재 가치를 깨닫는 것, 요즘은 이것을 자존심과 구별해 자존감이라고 합니다.

자존심은 남과 자신을 비교하며 지지 않으려는 마음입니다. 자존감은 남이야 어떻든 자기를 가치 있고 소중한 존재라고 믿는 마음입니다. 우리는 자존심을 지키려 하면서도 정작 그보다 더 중요한 자존감은 잊어버리기 일쑤입니다. 우리는 남과 비교하지 않아도 충분히 소중한 존재입니다. 자기를 소중히 여기는 사람은 남의 말과 행동에 쉽게 흔들리지 않습니다.

人必自侮, 然後人侮之.
인 필 자 모　　연 후 인 모 지

사람은 반드시 스스로를 업신여긴 다음에야 남에게 업신여김을 받는다. 『맹자』

002 무성한 근심 솎아 내기

불교에서는 인생을 고해(苦海)라고 합니다. 괴로울 고, 바다 해. 인생은 괴로움이 가득한 바다와 같다는 말입니다. 온갖 괴로움과 근심 걱정으로 가득한 것이 인생입니다. 『장자』「도척(盜跖)」 편에 이런 말이 있습니다.

사람이 오래 살면 백 살까지 살고, 중간 정도 살면 여든 살까지 살고, 못 살면 예순까지 산다. 병들어 아파하고, 누군가의 죽음을 슬퍼하고, 근심 걱정으로 보내는 날을 제외하면 입을 크게 벌리고 웃는 날은 한 달에 나흘이나 닷새에 불과하다. 세상은 영원하지만 사람은 때가 되면 죽는다. 때가 되면 죽는 사람이 영원한 세상에서 살아가는 것은 달리는 말이 갈라진 틈을 뛰어넘는 것처럼 빠르다. 마음을 기쁘게 하지도 못하면서 오래 살려고만 하는 사람은 도를 통달한 사람이 아니다.

인생은 짧습니다. 달리는 말이 갈라진 틈을 뛰어넘는 것처럼 순식간에 지나갑니다. 그렇지 않아도 짧은 인생인데, 아파하고 슬퍼하며 근심 걱정으로 보내는 날이 대부분입니다. 특별한 문제가 없더라도 입을 크게 벌리고 웃을 정도로 즐거운 날은 며칠 되지 않습니다. 장자는 마음을 기쁘게 하지도 못하면서 오래 살아 봤자 소용없다고 하였습니다. 웃고 즐겨도 모자라는 인생을 걱정으로 허비하지 말라는 말입니다.

　살면서 끝없이 마주하는 크고 작은 문제들 앞에서 사람들은 우울에 빠지곤 합니다. 우울(憂鬱)의 우는 근심 우 자로, 머리 혈(頁)과 마음 심(心)을 합한 글자입니다. 근심이 얼굴에 드러날 정도로 심각하게 여기는 것이 우울입니다. 우울의 울은 막힐 울 자로, 나무가 무성한 숲을 형용한 글자입니다. 숲에 나무가 무성한 것처럼 마음에 근심이 가득한 것이 우울입니다. 그렇다면 근심이 있어도 심각하게 여기지 않고, 근심이 내 마음을 가득 채우지 못하게 하면 우울하지 않을 것입니다.

　인생을 살면서 근심이 없을 수는 없습니다. 우리에게 필요한 것은 근심을 없애는 방법이 아니라 근심을 관리하는 방법입니다.

不能說其志意, 養其壽命者, 皆非通道者也.
불 능 열 기 지 의　양 기 수 명 자　개 비 통 도 자 야

마음을 기쁘게 하지도 못하면서 오래 살려고만 하는 사람은 도를 통달한 사람이 아니다. 『장자』

003 알아줄 사람을 기다린다

사람은 누구나 남에게 인정받고 싶어 하는 욕구가 있습니다. 가족과 친구에게 나의 가치를 인정받고 학교에서 직장에서 나의 능력을 인정받기를 원합니다. 칭찬과 격려를 바라는 마음, 돈 많이 벌고 높은 자리에 올라가려는 마음도 다 남에게 인정받고 싶어 하는 욕구에서 비롯된 것이겠지요.

심한 경우에는 특이한 행동으로 어떻게든 사람들의 시선을 끌어 보려고도 합니다. 남에게 인정받고 싶어 하는 마음이야 충분히 이해가 가지만, 그것이 삶의 목적이 된다면 불행한 인생입니다. 더군다나 남에게 인정받으려 애쓸수록 제대로 인정받기도 어렵습니다.

고려 무신 정권기의 문인 임춘(林椿)이 말했습니다.

장사꾼은 가게에 있으면서 진귀한 보물을 감추어 둔 채 사려는 사람이 제 발로 찾아오기를 기다립니다. 누군가 값을 묻거든 비싸게 부르더라도 이 보물을 팔수 있습니다. 하지만 진귀한 보물을 가지고 있더라도 집집마다 돌아다니며 팔겠다고 소리치면 아무리 높은 값어치가 있다 한들 값이 떨어져 팔 수가 없습니다. 상대는 팔기를 바라지 않는데 내가 스스로 팔려고 하기 때문입니다.

선비가 세상을 살아가는 방법도 이와 같습니다. 뛰어난 재주를 가진 선비라도 재능을 감추고 자중하지 않고서 기필코 세상의 인정을 받으려 한다면 명망은 더욱 낮아지고 재주도 인정받지 못할 것입니다. 이것은 필연적인 형세입니다.

재주는 있지만 세상에 알려지지 않은 친구 서해(徐諧)를 위해 임춘이 써 준 추천서의 내용입니다. 가치를 모르는 사람에게 보물을 팔려고 하면 제값을 받을 수 없습니다. 제값을 받으려면 가치를 알아보는 사람이 나타나기를 기다려야 합니다.

사람도 마찬가지입니다. 능력이 뛰어나도 스스로 과시하면 인정받기 어렵고, 인정을 받더라도 오래가지 않습니다. 나의 진정한 가치를 알아볼 사람이 나타나길 기다리며 능력을 갈고닦는다면, 시간은 조금 걸리겠지만 마음속에서 우러나온 인정을 받을 것입니다. 남들이 알아주지 않는다고 조급해할 필요는 없습니다.

欲求市於當世, 則望愈卑.
욕 구 시 어 당 세   즉 망 유 비

세상의 인정을 받으려 하면 명망은 더욱 낮아진다. 『서하집』

누구보다 가깝지만 일단 갈등이 생기면 남보다 풀기 어려운 사이가 가족입니다. 지금 같은 핵가족 시대에도 갈등이 생기는 것을 피하기 어려운데, 대가족이 한집에서 살던 시절이야 말할 것도 없습니다. 드라마에 대가족이 자주 등장하는 이유도 여러 가지 갈등이 빚어지고 해소되는 과정을 통해 줄거리가 흥미진진하게 전개되기 때문입니다. 이처럼 복잡하게 얽힌 가족 관계 속에서는 크고 작은 갈등이 빈번하게 생겨나기 마련입니다.

그런데 중국 당나라의 장공예(張公藝)라는 사람은 무려 아홉 대가 한집에 살았는데도 집안이 화목하기 그지없었다고 합니다. 황제가 그의 집을 찾아가 비결이 무엇인지 물었습니다. 이에 장공예는 참을 인(忍) 자를 백 번 써서 황제에게 바쳤습니다. 참고 참고 또 참는 것이 가족의 화목을 지키는 비결이라는 뜻이었습니다.

이 이야기에 대해 조선 후기의 대문호 연암(燕岩) 박지원(朴趾源)은 이렇게 말했습니다.

참을 인 자를 한 번만 써도 심하거늘 그 글자를 백 번이나 쓰다니! 백 번이나 참 았다면 머리가 아프고 이마가 찌푸려져서 온 얼굴에 가로세로 주름살이 생겼을 것이 뻔하다. 눈으로 보고도 참으면 장님이 되고, 귀로 듣고도 참으면 귀머거리가 되고, 입으로 말하고 싶은 것을 참으면 벙어리가 된다. 무엇하러 참을 인 자를 백 번이나 연거푸 써야 한단 말인가.

지금 내가 즐거울 락(樂) 한 글자를 쓰니 무수히 많은 웃음 소(笑) 자가 뒤따라온다. 이렇게 한다면 아홉 대가 아니라 백 대라도 한집에 살 수 있을 것이다.

불쾌한 일을 당하고서 참는 것이 결코 쉬운 일은 아니지만, 억지로 참는 것도 좋은 방법은 아닙니다. 그렇다고 화를 내거나 욕을 하는 것은 더욱 좋지 않습니다. 화내거나 욕하면서 즐거워하는 사람은 없습니다. 잠깐은 후련할지 몰라도 결국은 나까지 불쾌해집니다. 갈등이 해결될 리도 없지요.

피할 수 없으면 즐기라고 하였습니다. 생각해 보면 그리 대단한 일도 아닙니다. 사소한 일로 즐거운 기분을 망치는 대신 가볍게 웃어넘기기, 이것이야말로 더 큰 갈등을 피하는 비결입니다.

今吾書一樂字, 無數笑字隨之.
금 오 서 일 락 자   무 수 소 자 수 지

지금 내가 즐거울 락 한 글자를 쓰니 무수히 많은 웃음 소 자가 뒤따라온다. 『연암집』

005 평범한 삶의 행복

세 사람이 옥황상제를 만나 소원을 말할 기회를 얻었습니다. 첫 번째 사람이 말했습니다.

"저는 좋은 집안에 태어나 장원 급제하고 높은 벼슬에 올라 역사에 이름을 남기고 싶습니다."

옥황상제는 그 소원을 들어주기로 했습니다. 이어서 두 번째 사람이 말했습니다.

"저는 부자가 되어 막대한 재산을 쌓아 놓고 가족들과 화목하게 지내며 가난한 사람들을 도와주고 싶습니다."

옥황상제는 그 소원도 들어주기로 했습니다. 끝으로 세 번째 사람이 말했습니다.

"제 소원은 앞의 두 사람과 다릅니다. 저는 조용하고 한가로이 지내기를 좋아하고 부귀영화는 바라지 않습니다. 그저 작은 초가집에 살면서 몇 마지기 논에 농사를 짓고 싶습니다. 아침에 밥을 먹고 저녁에 죽을 마시더라도 배를 채울 수 있으면 그만이요, 여름에 베옷을 입고 겨울에 솜옷을 입을 수 있다면 그저 성하고 깨끗하면 됩니다. 자식들과 노비들은 제 할 일을 다하여 집 안에는 골치 아픈 일이 없고 집 밖에는 시끄러운 일이 없으면 좋겠습니다. 그렇게 유유자적하며 걱정 없이 오래오래 살다가 세상을 떠나는 것이 제 소원입니다."

그러자 옥황상제가 탄식하며 말했습니다.

"네 소원은 이른바 청복(淸福)이라고 하는 것이다. 청복은 세상 사람들이 모두 원하지만 하늘이 몹시 아끼는 것이다. 만약 모든 사람이 원하는 대로 얻을 수 있다면 어찌 네가 차지할 수 있겠느냐. 내가 먼저 차지하였을 것이다. 무엇하러 고생스럽게 옥황상제 노릇을 하겠느냐."

유재건(劉在建)의 『이향견문록(里鄕見聞錄)』에 나오는 이야기입니다. 부귀영화보다 얻기 어려운 것이 청복입니다. 맑을 청에 복 복, 청복은 다름 아닌 평범하게 살아가는 행복입니다.

요즘은 취업도 결혼도 어렵고 직장을 계속 다니기도 어렵다 보니 평범하게 살기조차 쉽지 않은 세상입니다. 평범한 삶의 행복은 얻기도 어렵지만 깨닫기는 더욱 어렵습니다. 많은 사람들이 간절히 소망하고 옥황상제조차 누리기 어려운 행복을 누리면서도 깨닫지 못한다면, 평생 행복을 느끼기는 어려울 것입니다.

清福者, 世人之所共願, 上天之所甚慳者也.
청 복 자 세 인 지 소 공 원 상 천 지 소 심 간 자 야

평범하게 살아가는 행복은 세상 사람들이 모두 원하지만 하늘이 몹시 아끼는 것이다. 『이향견문록』

006 제대로 화내는 법

한때의 화를 참지 못한 나머지 큰일을 저지르는 사람들을 종종 보게 됩니다. 특히 요즘은 사소한 일로 걸핏하면 화를 내고 욕을 하는 사람을 흔히 볼 수 있는데, 시장 만능주의와 무한 경쟁이 야기한 현대 사회의 병리 현상이라고도 합니다.

성리학자들은 인간의 감정을 기쁨, 분노, 슬픔, 두려움, 사랑, 증오, 욕심의 일곱 가지로 보았는데요. 이 중에 가장 드러나기 쉬우면서도 다스리기 어려운 것이 분노, 곧 화라고 하였습니다. 조선 후기 영남 지역의 유학자 밀암(密菴) 이재(李栽)의 말입니다.

사람이 태어나지 않으면 몰라도 태어난 이상 기쁨, 분노, 슬픔, 두려움, 사랑, 증오, 욕심과 같은 감정이 없을 수 없다. 여기에는 예나 지금이나 똑똑한 사람이나 어리석은 사람이나 멀고 가까움과 이쪽저쪽의 차이가 없다. 만약 기뻐하고 화내는 감정이 아예 없거나 기뻐할 일에 기뻐하지 않고 화낼 일에 화내지 않는다면, 이것이 어찌 사람의 마음이겠는가.

그러므로 성인께서 사람들에게 가르치신 것은 감정을 조절하여 중도에 맞게 하라는 것이지 감정을 없애라는 것이 아니었다. 옛사람 중에는 기쁨과 분노를 드러내지 않은 사람이 있지만 기뻐하고 화내는 감정이 없어서 그런 것은 아니다. 옛말에 화를 내는 것은 인지상정이라고 하였다.

그렇지만 감정에 맡기고 참지 않는다면, 마음에 들지 않는 일이 하나만 생겨도 발끈 화를 내게 될 것이다. 혈기에서 나오는 화는 없어야 하지만 의리에서 나오는 화는 있어야 한다. 기뻐할 일에는 기뻐하고 화내야 할 일에는 화를 내야 한다.

화는 인간의 자연스러운 감정입니다. 중요한 것은 그 감정을 조절해서 올바르게 표출하는 것입니다. 화가 치밀 때 과연 이것이 정말로 화를 낼 만한 일인지, 그리고 다른 데서 얻은 화를 무고한 사람에게 쏟아붓는 것이 아닌지 생각해 볼 필요가 있습니다.

화가 치밀어 오르는 이유는 잘못이 남에게 있다고 생각하기 때문입니다. 남의 잘못이 아무리 크더라도 내 잘못이 없지는 않을 것입니다. 남을 탓하기에 앞서 내 잘못을 먼저 돌아본다면 화를 억누르기는 한결 쉬워질 것입니다. 남을 탓해서 해결되는 일은 없습니다.

喜其所當喜, 怒其所當怒.
희 기 소 당 희　노 기 소 당 노

기뻐할 일에는 기뻐하고 화내야 할 일에는 화를 내야 한다.『밀암집』

007 끝까지 가면 안 된다

일주일 중에 술 소비량이 가장 많은 날이 금요일이라고 합니다. 주5일제가 시행됨에 따라 주말이 길어지면서 금요일 저녁만큼은 부담 없이 술을 마셔도 된다는 생각 때문인 것 같습니다. 간혹 갈 데까지 가 보자는 식으로 금요일 저녁을 보내는 경우도 있는데, 아무리 한 주간 쌓인 스트레스를 풀기 위해서라 해도 절제가 필요합니다.

『예기』「곡례(曲禮)」편에 '낙불가극(樂不可極)'이라고 하였습니다. 즐거울 락, 아니 불, 옳을 가, 다할 극. 즐거움이 다할 때까지 즐기는 것은 좋지 않다는 말로, 즐기는 데도 절제가 필요하다는 뜻입니다. 조선 후기 학자 남병철(南秉哲)은 이 구절을 이렇게 설명했습니다.

즐거움을 끝까지 누리면 반드시 나쁜 일이 생긴다. 끝까지 누리지 않았을 때는 나쁜 일이 생길 줄 모르고, 나쁜 일이 생길 줄 모르면 절제하기가 어렵다.

원래 즐거움의 끝이란 가 보기 전에는 알 수가 없다. 그러므로 중국 하나라의 태강(太康)은 사냥하러 가서 100일 동안 돌아오지 않다가 왕위에서 쫓겨났고, 은나라의 주왕(紂王)은 연일 밤새도록 술을 마시다가 나라를 잃었다. 그 이유를 찾아보면 끝까지 가기 전에는 나쁜 일이 생길 줄 몰랐기 때문이다. 즐거움은 가장 절제하기 어려우니 각별히 주의해야 한다.

남병철의 『규재유고(圭齋遺藁)』에 나오는 내용입니다. 즐거움의 끝이란 가 보기 전에는 알 수가 없다고 하였습니다. 어디가 끝인지 알 수가 없으니 일단 즐기고 보는 것입니다. 하지만 이는 눈을 가린 채 달리는 것처럼 위험한 행동입니다. 눈을 가린 채 달리는 사람이 반드시 넘어지거나 부딪히는 것처럼, 즐거움을 끝까지 누리면 반드시 후회할 일이 생기기 마련입니다.

절제할 줄 알아야 지속할 수 있습니다.

樂不可極.
낙 불 가 극

즐거움은 끝까지 누리면 안 된다.『예기』

008 호승심은 마음의 병폐

"바위를 베개 삼고 흐르는 냇물로 양치질한다."라는 말이 있습니다. 복잡한 속세를 떠나 자연 속에서 살아가는 모습을 상징하는 말입니다. 중국 진(晉)나라 때 손초(孫楚)라는 사람이 친구와 이야기하다가 이 말을 잘못 인용해서 "흐르는 물을 베개 삼고 바위로 양치질하고 싶다."라고 말했습니다. 친구가 그의 실수를 지적했습니다.

"흐르는 물은 베개로 삼을 수 있는 것이 아니고, 바위는 양치질할 수 있는 것이 아니다."

하지만 손초는 지지 않고 이렇게 말했습니다.

"흐르는 물을 베개 삼는 이유는 귀를 씻기 위함이고, 바위로 양치질하는 이유는 이를 갈아서 닦기 위함이다."

지지 않으려는 마음에 억지를 부린 것입니다. 이렇게 남에게 굽히려 하지 않고 매사에 반드시 이기려 하는 마음을 호승심(好勝心)이라고 합니다.

예로부터 호승심은 마음의 병폐라고 하였습니다. 성호(星湖) 이익(李瀷)의 동생 옥동(玉洞) 이서(李漵)의 말입니다.

이기기 좋아하는 사람은 욕심이 많은 사람이다. 남에게는 굽히려 하지 않지만 명예와 이익이 있으면 자신을 굽힌다. 이익을 챙기려는 마음이 생기면 명예를 좋아하는 마음이 생기고, 명예를 좋아하는 마음이 생기면 이기기를 좋아하는 마음이 생기며, 이기기를 좋아하는 마음이 생기면 고집을 부리고 분해하게 된다. 조금이라도 지각이 있는 사람은 그것이 잘못인 줄 안다. 하지만 말과 행동을 살펴보면 그러지 않는 사람이 드문 것은 어째서인가? 이것은 마음속에 감춰져 있어 모르기 때문이다.

명예와 이익을 챙기려는 욕심이 이기고 싶은 마음을 일으켜, 이기지 못하면 고집을 부리고 화를 내게 된다는 말입니다. 이기고 싶은 마음이 없는 것도 문제지만, 쓸데없는 승부욕에 사로잡혀 사소한 일마다 기를 쓰고 지지 않으려 한다면 도리어 일을 그르치기 십상입니다.

지고는 못 사는 사람의 마음이 평화로울 리 없습니다.

有好勝之心, 然後有固執忿懷之心.
유 호 승 지 심 연 후 유 고 집 분 치 지 심

이기기 좋아하는 마음이 생기면 고집을 부리고 분해하게 된다. 『홍도유고』

009 작심삼일 극복하기

한 취업 포털 사이트에서 직장인 500여 명을 대상으로 연초에 세운 목표를 달성하지 못한 이유를 물었더니, 게으름과 나태함이 1위를 차지했다고 합니다. 이처럼 목표 달성을 방해하는 가장 큰 장애물은 글로벌 금융 위기도 아니고 국내 경기 침체도 아닙니다. 바로 게으름입니다.

『시경』에 "누구나 처음은 있지만 끝이 있는 사람은 드물다."라고 하였습니다. 처음 먹은 마음을 끝까지 지키는 것이 어렵다는 말인데요. 조선 중기 학자 어유봉(魚有鳳)은 그 원인이 게으름이라고 명쾌하게 진단했습니다.

> 사람의 마음은 게을러지기 쉽고, 좋은 일은 오래 하기 어렵다. 이것은 천하 사람들의 공통적인 병폐이다.

누구나 처음에는 굳은 의지를 가지고 시작하지만, 시간이 흐를수록 점차 해이해져 조금은 쉬어도 괜찮겠지 하는 마음이 들기 마련입니다. 하지만 송나라의 철학자 정이(程頤)에 따르면 "일단 게으른 마음이 생기면 곧 자포자기하게 된다."라고 합니다. 조선 중기 학자 정경세(鄭經世)도 "자포자기하는 이유는 대단한 잘못을 저질러서가 아니라 게으르고 나태한 마음이 조금 생겼기 때문"이라고 하였습니다. 그렇다면 예로부터 목표를 달성하지 못하고 자포자기한 사람이 많았던 것은 모두 게으름 때문이라고 하겠습니다.

작심삼일(作心三日)이라고 했듯이 시간이 흐를수록 사람이 게을러지는 것은 당연합니다. 하지만 어쩌다 게으름을 피우더라도 그동안 들인 노력을 생각하고 빨리 제자리로 돌아와야 한다는 점을 잊어서는 안 됩니다. 게으름은 반드시 자포자기로 이어지기 때문입니다.

게으름 때문에 매번 목표를 달성하지 못했다면, 무리하지 않은 목표를 정하고 계획을 세우는 것이 바람직합니다. 게으름은 어렵고 힘든 현실을 외면하고 도피하려는 마음에서 생기기 때문입니다.

纔有懈惰之念, 便爲自棄也.
재 유 해 타 지 념   편 위 자 기 야

게으르고 나태한 마음이 조금이라도 생기면 곧 자포자기하게 된다. 『우복집』

010 우월감과 열등감은 한 몸

"알아서 배우는 사람은 왕 노릇을 하고, 내가 남보다 낫다고 여기는 사람은 망한다." 『서경』「중훼지고(仲虺之誥)」편에 나오는 말입니다. 자기가 부족한 줄 알고 남에게 배우려 하는 사람은 성공하고, 자기 능력을 과신하며 남을 무시하는 사람은 실패한다는 뜻입니다. 구한말의 의병장 의암(毅菴) 유인석(柳麟錫)은 이 구절을 다음과 같이 새겼습니다.

내가 남보다 낫다는 생각은 반드시 내가 남보다 못하다는 생각에서 나온다. 그런 사람은 끝내 남보다 못한 사람이 될 것이 틀림없다.

내가 남보다 낫다는 우월감은 내가 남보다 못하다는 열등감에서 나온다고 하였습니다. 우월감의 근원이 열등감이라는 사실을 지적한 말입니다.

우월감과 열등감은 동전의 양면과 같습니다. 우월감이 강한 사람은 내면에 강한 열등감을 감추고 있습니다. 그리고 열등감이 강한 사람은 남보다 우월해지려는 욕구가 강한 사람입니다. 우월감과 열등감은 한 몸이나 다름없습니다. 강한 자에게 한없이 비굴해지는 사람이 약한 자에게 한없이 강해지는 것도 이 때문입니다.

유인석은 내가 남보다 낫다는 우월감을 버리지 않으면 결국 내가 남보다 못하다는 열등감에 빠지게 된다고 하였습니다. 우월감을 버리지 않으면 계속 열등감에 시달려야 합니다. 열등감에서 벗어나고 싶다면 남보다 우월해지려는 욕구를 버려야 합니다.

우월감도 열등감도 모두 남과의 비교를 통해 나의 가치를 판단하려는 생각에서 나온 것입니다. 내가 남보다 낫다는 생각도 잘못이며, 내가 남보다 못하다는 생각 역시 잘못입니다. 나의 가치는 다른 사람과의 비교를 통해 결정되는 것이 아닙니다. 나의 가치는 내가 스스로 평가하는 것입니다.

謂人莫己若者, 必由己初不若人也.
위 인 막 기 약 자　필 유 기 초 불 약 인 야

내가 남보다 낫다는 생각은 반드시 내가 남보다 못하다는 생각에서 나온다. 『의암집』

011 없어야 할 하나의 감정

사람이 느낄 수 있는 일곱 가지 감정을 칠정(七情)이라고 합니다. 기쁨, 분노, 슬픔, 두려움, 사랑, 증오, 욕망입니다. 그런데 여기에는 상당히 오래가고 강력한 감정 하나가 빠져 있습니다. 바로 후회입니다. 어째서 후회는 칠정에 포함되지 않는 것일까요?

조선 중기 과거 시험에 이 문제가 나온 적이 있는데, 당시 장원을 차지한 김종일(金宗一)이라는 사람은 이렇게 답했습니다.

후회는 사람이라면 누구나 있는 것이다. 그렇지만 성인께서 여기에 대해 언급하지 않으신 이유는 일곱 가지 감정이 모두 절도에 맞는다면 후회가 없기 때문이다. 감정이 절도에 맞지 않은 다음에야 후회가 생긴다. 그러니 후회는 반드시 있어야 하는 감정이 아니다.

후회를 제외한 일곱 가지 감정은 사람에게 반드시 필요한 감정입니다. 좋은 일에는 기뻐하고 잘못된 일에는 분노해야 하며, 가슴 아픈 일에는 슬퍼하고 위험한 것은 두려워해야 합니다. 또 좋은 사람은 사랑하고 나쁜 사람은 증오하며, 생존에 필요한 것은 욕망해야 합니다. 하지만 후회는 다릅니다. 이 일곱 가지 감정이 넘치거나 모자랄 때 생기는 후회는 없어야 하는 감정입니다.

　죽음을 앞둔 사람들이 후회하는 것이 한두 가지가 아니지만, 그중 가장 후회하는 것은 무엇보다도 더 사랑하지 못했다는 것입니다. 죽을 때에 이르러 누군가를 마음껏 증오하지 못했다고 후회하거나, 더 많은 것을 욕심내지 못했다고 후회하는 사람은 없습니다. 이 세상을 떠나는 사람은 어째서 좀 더 사랑하지 못했는지 후회하며 눈을 감고, 떠나보내는 사람 역시 어째서 좀 더 사랑하지 못했는지 후회하며 눈물을 흘립니다.

　최근 대형 재난 사고에서 실종자들이 가족에게 보낸 문자메시지가 공개되어 가슴을 먹먹하게 한 일이 있습니다. 마지막이 될지도 모르는 순간, 이들이 가족에게 전한 말은 사랑한다는 것이었습니다. 인간은 죽음 앞에 무력한 존재입니다. 우리가 언제 어떻게 죽을지는 누구도 알 수 없습니다. 우리가 할 수 있는 일은 살아 있는 동안 후회 없이 사랑하는 것뿐입니다.

悔者不必有之情也.
회 자 불 필 유 지 정 야

후회는 반드시 있어야 하는 감정이 아니다. 『노암집』

012 오만과 인색

영국의 소설가 제인 오스틴이 쓴 『오만과 편견』이라는 소설이 있습니다. 오만한 성격의 한 남자와 그에 대한 편견을 가지고 있는 한 여자의 엇갈리는 사랑을 다룬 이야기입니다. '오만과 편견'이라는 제목은 바로 그러한 성격을 가진 남녀 주인공을 가리키는 말이지요.

오만과 편견은 동전의 양면과 같습니다. 이 소설에 등장하는 오만한 남자 역시 여자에 대한 편견을 가지고 있고, 여자 또한 자신의 편견 때문에 남자에게 오만한 태도를 보입니다. 이처럼 오만한 사람은 편견을 가지기 쉽고, 편견을 가진 사람은 으레 오만하기 마련입니다.

한편 동양 고전에서 오만과 짝을 이루는 것은 인색입니다. 공자는 『논어』에서 "아무리 뛰어난 재주를 가진 사람이라도 오만하고 인색하면 그 밖의 것은 볼 것이 없다."라고 하였습니다. 오만과 인색이 그 사람이 가진 다른 모든 장점을 가린다는 말입니다.

중국 송나라의 철학자 주희에 따르면 오만하고서 인색하지 않은 사람은 없고, 인색하고서 오만하지 않은 사람은 없다고 합니다. 오만은 기운이 넘치는 것이고 인색은 기운이 모자라는 것인데, 넘치고 모자란 차이는 있지만 결국 서로 원인과 결과가 된다는 것입니다. 유인석이 이를 쉬운 비유를 들어 설명했습니다.

인색은 비유하자면 작은 그릇과 같고, 오만은 그 그릇에 가득 담긴 물과 같다. 그릇이 작으므로 물을 한 국자만 더 담아도 바로 넘친다.

인색한 사람은 그릇이 작은 사람입니다. 그릇이 작으면 작은 권력만 얻어도 쉽게 오만해집니다. 반대로 그릇이 크면 웬만한 권력이 있어도 좀처럼 오만해지지 않습니다. 이것이 오만한 사람은 항상 인색하고, 인색한 사람은 항상 오만한 이유입니다. 오만한 행동은 자신의 그릇이 작다는 사실을 스스로 드러내는 것입니다.

未有驕而不吝, 吝而不驕者也.
미 유 교 이 불 린   린 이 불 교 자 야

오만하고서 인색하지 않은 사람은 없고, 인색하고서 오만하지 않은 사람은 없다.『논어집주』

013 부끄러워할 줄 아는 마음

맹자는 사람에게 가장 중요한 일이 죽고 사는 것이라고 하였습니다. 그런데 때로는 죽고 사는 것보다 더 중요한 것이 있다고 하였으니, 바로 수치심입니다.

한 그릇 밥과 국을 얻어먹으면 살고 얻어먹지 못하면 죽는다 해도, 욕을 하면서 주면 길 가는 사람도 받지 않고 발로 차서 주면 거지도 좋아하지 않는다. 그런데 높은 벼슬과 많은 녹봉을 준다고 하면 예의를 차리지 않고 기어이 받으려 한다.

『맹자』「고자 상(告子上)」 편에 나오는 구절입니다. 한 그릇 밥과 국은 하찮은 것이지만 굶주림으로 죽어 가는 사람에게는 목숨이 달린 것입니다. 그렇더라도 욕을 하면서 주거나 발로 차서 준다면 차라리 굶어 죽으면 죽었지 수치스럽게 얻어먹지는 않으려고 할 것입니다. 이에 반해 높은 벼슬과 많은 녹봉은 있으면 좋지만 없다고 해서 죽는 것은 아닙니다. 그런데도 앞서와 달리 온갖 수치와 모욕을 꺼리지 않고 기어이 받으려고 합니다. 이렇게 앞뒤가 맞지 않는 행동을 하는 이유는 무엇일까요.

맹자는 이것이 본심(本心)을 잃었기 때문이라고 하였습니다. 수치를 아는 것은 인간의 본심입니다. 수치스럽게 사느니 당당하게 죽는 쪽을 택하는 것도 인간의 본심에서 나온 행위입니다. 반면 목숨이 달린 일도 아닌데 수치를 무릅쓰고 기어이 매달리려 한다면, 이는 본심을 잃은 행동이라는 것입니다.

맹자는 사람들이 높은 벼슬과 많은 녹봉을 바라는 이유가 화려한 집에 살면서 많은 사람들의 시중을 받고, 아는 사람들에게 도움을 주고서 고맙다는 소리를 들으려는 욕심 때문이라고 하였습니다. 고작 남 좋은 일이나 해 주기 위해서라는 것입니다. 남에게 보여 주고 자랑하는 일은 수치를 무릅쓰고라도 기어이 하면서, 진정 자신을 위한 일은 하지 않는 사람들을 문제 삼은 말입니다.

남에게 내세울 무언가가 없는 것은 수치가 아닙니다. 무엇이 수치인지 판단하는 기준은 남이 아니라 나의 마음입니다. 나는 내 마음에만 부끄럽지 않으면 되는 것입니다.

恥之於人，大矣.
치 지 어 인　대 의

수치심은 사람에게 중요한 것이다. 『맹자』

014 욕심을 버리면 강해진다

공자가 말했습니다.

"나는 아직 강한 사람을 만나지 못했다."

그러자 어떤 사람이 말했습니다.

"신장(申棖)이라는 사람이 있습니다."

공자가 대답했습니다.

"신장은 욕심이 많으니, 어찌 강한 사람이겠는가."

『논어』「공야장(公冶長)」 편에 나오는 이야기입니다.

신장은 공자의 제자입니다. 아마 고집이 세고 공격적이어서 강한 사람으로 보였던 모양입니다. 하지만 공자는 그가 욕심이 많으므로 강한 사람이 아니라고 하였습니다. 욕심이 많으면 의지도 굳고 싸움도 잘할 테니 강한 사람일 성싶은데, 왜 욕심 많은 사람은 강한 사람이 아니라는 것일까요?

강하다는 것은 어디까지나 상대적인 개념입니다. 이기는 사람이 강한 사람이고, 지는 사람이 약한 사람입니다. 욕심 없는 사람은 욕심을 이기는 사람이고, 욕심 많은 사람은 욕심에 지는 사람입니다. 따라서 욕심 없는 사람은 강한 사람이고, 욕심 많은 사람은 약한 사람입니다. 다시 말해 욕심을 극복한 사람이 강한 사람이고, 욕심에 굴복한 사람은 약한 사람인 것입니다. 정이가 말했습니다.

　사람이 욕심이 있으면 강하지 않고, 강하면 욕심에 굴복하지 않는다.

　여기서 나온 말이 '무욕즉강(無欲則剛)'입니다. 없을 무, 바랄 욕, 곧
즉, 강할 강. 욕심이 없으면 강하다는 말입니다. 사람이 약한 모습을 보
이는 이유는 가진 것을 잃을 수도 있다는 두려움 때문입니다. 잃는 것에
대한 두려움이 생기는 이유는 잃지 않으려는 욕심이 있기 때문입니다.
결국 잃지 않으려는 욕심이 사람을 약하게 만드는 것입니다.
　욕심을 버리면 두려움이 없어지고, 두려움이 없어지면 강해질 수 있
습니다.

人有慾則無剛, 剛則不屈於慾.
인 유 욕 즉 무 강　강 즉 불 굴 어 욕

사람이 욕심이 있으면 강하지 않고, 강하면 욕심에 굴복하지 않는다.『근사록』

015 객기와 용기

현대 중국어에 '볘커치(別客氣)'라는 말이 있습니다. 사양하지 말라는 뜻으로, 한자로는 헤어질 별, 손님 객, 기운 기입니다. 글자 그대로 해석하면 객기와 헤어지라는 의미입니다. 객기는 손님의 기운인데, 손님이 남의 집에 가면 예의 바르게 사양하는 것이 올바른 태도이겠지요. 그래서 객기와 헤어지라는 '볘커치'는 너무 손님처럼 사양하지 말라는 뜻이 됩니다.

이처럼 현대 중국어에서 객기는 예의 바르다, 사양하다라는 뜻으로 쓰이는 반면, 우리말에서 객기는 쓸데없이 부리는 기세라는 뜻입니다. 자기 능력을 헤아리지 못하고 큰소리를 치거나 정도를 넘어선 행동을 하는 사람을 두고 객기를 부린다고 하지요. 이렇게 우리가 쓰고 있는 객기의 뜻이 중국 고전에 나오는 객기의 원뜻에 더 가깝습니다.

객기는 『춘추좌씨전(春秋左氏傳)』에 처음 나오는 말입니다. 노나라와 제나라가 전쟁을 벌였는데, 노나라가 수세에 몰리자 장군 염맹(冉猛)이 용기를 내어 과감하게 적진으로 돌격했습니다. 그런데 뒤를 돌아보니 자신을 따르는 군사가 보이지 않았습니다. 겁이 난 염맹은 거짓으로 넘어진 척하며 더는 나아가지 않았습니다. 이 광경을 지켜본 노나라 군대의 대장 양호(陽虎)가 이렇게 말했습니다.

"객기가 다했구나."

염맹의 용기는 진정한 용기가 아니라 남에게 보여 주기 위한 한때의 객기에 불과했다는 말입니다. 만약 진정한 용기였다면 뒤따르는 군사가 있건 말건 계속 나아갔을 것이기 때문입니다.

객기는 용기와 비슷하지만 용기가 아닙니다. 객기는 글자 그대로 주인이 아니라 손님입니다. 주인은 항상 집을 지키지만 손님은 잠시 왔다가 떠나는 것처럼, 마음의 손님인 객기는 결코 마음에 오래 남아 있지 못합니다. 그래서 사람들은 객기를 부리고는 곧 후회하기 마련입니다.

객기도 내 마음이 느끼는 감정인 것만은 분명합니다. 하지만 그것은 진실된 감정이 아니라 거짓된 감정입니다. 한때 잠깐 왔다 가는 거짓된 감정을 마음속에서 우러나온 진실한 감정으로 착각하고 하는 행동이 바로 객기를 부리는 것입니다. 마음의 손님인 객기가 주인 행세를 하도록 내버려 두면 곤란합니다.

客氣非勇.
객 기 비 용

객기는 용기가 아니다.『춘추좌전주소』

016 화날 때는 심호흡을

사소한 일에 화를 참지 못하고 우발적으로 저지른 범죄 사건 소식이 종종 들려옵니다. 층간 소음이나 주차 문제가 살인으로 이어지는 것도 순간적인 화를 참지 못했기 때문입니다. 어른 아이 할 것 없이 툭하면 서슴없이 분노를 표출하는 바람에 지금 우리 사회를 두고 분노가 일상화된 사회라고까지 합니다.

범죄를 저지르는 데까지 가지는 않더라도, 일상생활에서 불쑥불쑥 치밀어 오르는 화를 참기 어려운 경우가 많습니다. 화를 가라앉히는 가장 효과적인 방법, 숙종 임금이 말했습니다.

내가 화병을 앓은 지 이미 오래인데, 나이가 많아지면서 더욱 고질병이 되었다. 일시적인 병은 고치기 쉽지만 가장 치료하기 어려운 것이 화병이다. 화를 다스리는 방법은 숨을 고르는 것이 제일이고, 약은 그다음이다.

숙종 임금 말씀처럼 화를 가라앉히는 가장 효과적인 방법은 호흡 조절입니다. 이는 의학적으로 증명된 사실이기도 합니다. 화가 나면 심장 박동이 빨라지고 호흡이 가빠지지요. 이러한 몸 상태가 이성적인 판단을 방해해 화를 참지 못하고 폭발하는 것입니다. 힘이 들 때 화를 내기 쉬운 것도 같은 이유입니다. 호흡을 조금만 늦추면 흥분한 몸은 곧 정상으로 돌아옵니다.

조선 후기 문인 이계(耳溪) 홍양호(洪良浩)의 「근취편(近取篇)」이라는 글에 나오는 말입니다.

사람이 병들면 맥박이 빨라지고 호흡이 가빠지는 이유는 기운을 조절하지 못하기 때문이다. 장자가 말하길 보통 사람은 목구멍으로 숨을 쉬고 도통한 사람은 발꿈치로 숨을 쉰다고 하였으니, 기운을 내려야지 올리면 안 된다는 말이다. 그러므로 몸을 잘 관리하는 사람은 먼저 호흡을 고르게 한다. 호흡을 고르게 하면 맥박이 안정되고, 맥박이 안정되면 원기가 온전해진다.

호흡 조절은 화가 날 때는 물론이고 마음이 조급할 때도, 긴장될 때도, 억울하고 답답할 때도 효과적입니다. 잠깐 숨을 고르는 것만으로 마음을 고르게 할 수 있습니다.

治火之道, 調息爲上.
치 화 치 도   조 식 위 상

화를 다스리는 방법은 숨을 고르는 것이 제일이다.『숙종실록』

017 눈물이 흘러나오는 곳

조선 후기에 심노숭(沈魯崇)이라는 사람이 있었습니다. 그는 나이 서른한 살에 아내와 딸을 연달아 잃고서 인간의 죽음과 그에 대한 슬픔을 주제로 많은 글을 남겼습니다. 그중 하나가 「눈물의 근원(淚原)」라는 제목의 글입니다.

눈물은 눈에서 생기는 것인가, 마음에서 생기는 것인가. 눈에서 생긴다면 눈물은 웅덩이에 고여 있는 물과 같은 것인가. 마음에서 생긴다면 눈물은 혈관을 흐르는 피와 같은 것인가. 만약 눈에서 생기는 것이 아니라면 눈에서만 눈물이 나오는 이유는 무엇인가. 만약 마음에서 생기는 것이 아니라면 마음이 움직여야만 눈물이 나오는 이유는 무엇인가. 만약 눈물이 마음에서 생겨 눈으로 나오는 것이라면, 물은 아래로 흐르는 법인데 어째서 눈물만 그렇지 않은 것인가. 마음은 아래에 있고 눈은 위에 있는데 어째서 눈물은 아래에서 위로 올라가는 것인가.

비유하자면 마음은 땅이고 눈은 구름이며 눈물은 그 사이에서 생기는 비와 같다. 비가 구름에서 생기나 땅으로 내리는 것처럼, 눈물은 마음에서 생기나 눈으로 나온다. 땅과 구름의 기운이 통하면 비가 내리는 것처럼, 죽은 사람과 산 사람의 느낌이 통하면 눈물이 나온다. 때때로 느낌이 있어 눈물이 나면, 나는 죽은 사람과 함께 있다고 생각한다.

심노숭의 문집 『효전산고(孝田散稿)』에 실린 글입니다. 심노숭은 아내와 딸을 잃은 뒤 어떤 때는 가만히 있다가도 눈물이 왈칵 쏟아지고, 어떤 때는 통곡하려 해도 눈물 한 방울 나오지 않는 경험을 했습니다. 그는 눈물이 도대체 무엇이기에 이러는 것인지 의문을 품고 그 해답을 찾고자 이 글을 지었습니다.

눈물은 눈에서 나오지만 실은 마음에서 생깁니다. 마음이 느끼는 바가 있기 때문에 눈물이 나오는 것입니다. 눈물이 나오는 이유는 죽은 사람의 존재를 마음으로 느끼기 때문이라는 것이 심노숭의 결론이었습니다. 진심으로 눈물을 흘리는 순간만큼은 그리운 사람과 함께 있다는 것입니다.

有時乎感而淚, 則曰在左右矣.
유 시 호 감 이 루   즉 왈 재 좌 우 의

때때로 느낌이 있어 눈물이 나면, 나는 죽은 사람과 함께 있다고 생각한다. 『효전산고』

018 나는 무엇을 두려워하는가

인간의 칠정 가운데 네 번째가 두려움입니다. 따라서 두려움은 인간이라면 누구나 가지고 있는 감정입니다. 두려움은 우리를 위험으로부터 보호해 주기도 하지만 이유 없이 위축되게 만들기도 합니다. 위험이 닥치지도 않았는데 지나치게 두려워한 나머지 지레 죽음을 선택하는 사람도 있습니다. 인간이 가장 두려워하는 것이 죽음인데, 두려움 때문에 죽음을 택하다니 아이러니가 아닐 수 없습니다.

두려움은 우리를 집어삼킬 수 있을 정도로 강력한 감정입니다. 그러니 두려움에 떠는 사람에게 무턱대고 용기를 내라고 해 봤자 별로 도움이 되지 않습니다. 두려움을 이기려면 때로는 용기가 필요하지만, 그보다 더 필요한 것은 지혜입니다.

주희에게 한 제자가 물었습니다.

"저는 두려움이 많아 걱정입니다. 두려워할 필요가 없다는 것을 알면서도 두려움을 이기지 못합니다. 억지로 마음을 잡아서 흔들리지 않게 하면 되겠습니까?"

그러자 주희가 말했습니다.

억지로 마음을 잡아서 흔들리지 않게 하면 두려움이 그칠 때가 없다. 이치를 분명히 알면 저절로 두려움이 없어진다.

마음의 경전, 『심경(心經)』에 나오는 내용입니다. 이치를 분명히 알면 두려움이 없어진다고 하였습니다. 내가 두려워하는 것은 무엇인가? 나는 왜 그것을 두려워하게 되었는가? 그것은 두려워할 필요가 있는 것인가? 두려움을 이겨 내기 위해서는 어떻게 해야 하는가? 이렇게 끊임없이 스스로에게 질문을 던지고 해답을 찾는 과정을 통해 두려움을 상대화할 수 있습니다. 아무 생각 없이 감정에 자신을 맡기면 결국 두려움의 먹이가 되고 말 것입니다.

두려움은 무지의 다른 이름입니다. 두려움에는 용기로 맞설 것이 아니라 지혜로 마주해야 합니다.

是理明了, 自是不懼.
시 리 명 료   자 시 불 구

이치를 분명히 알면 저절로 두려움이 없어진다. 『심경』

019 지나친 감정의 독

남이 좋은 물건을 가지고 있으면 나도 가졌으면 하고, 남에게 좋은 일이 있으면 내게도 그런 일이 생겼으면 하는 마음을 부러움이라고 하지요. 고대 중국의 한자 사전 『설문해자』에 따르면 부러울 선(羨) 자의 원뜻은 탐욕입니다. 탐욕은 사람이라면 누구나 가지고 있는 감정이지만, 늘 지나치면 문제가 되기 마련입니다.

조선 후기 학자 성대중(成大中)은 『청성잡기』에서 이렇게 말했습니다.

좋아함은 부러움을 낳고, 부러움은 시기심을 낳으며, 시기심은 원수를 만든다. 그러므로 좋아하는 마음이 원수를 만드는 것은 손바닥을 뒤집는 것처럼 쉽다.

내가 갖지 못한 무언가를 가지고 싶은 이유는 그것을 좋아하기 때문입니다. 좋아하는 마음이 없으면 부러움은 생기지 않습니다. 좋아하는 마음이 강렬해져 소유하고 싶어지면 비로소 부러움이라는 감정이 생기는 것입니다.

내가 가지고 싶은 것을 다 가질 수 있다면 좋겠지만, 현실은 그렇지 않습니다. 여기서 문제가 생깁니다. 가지고 싶은 것을 가질 수 없다는 사실을 깨달은 순간 부러움은 시기심과 분노로 변하여, 내게 없는 것을 가지고 있는 사람을 원수처럼 여기게 됩니다. 결국 원수는 미워하는 마음 때문에 생기는 것이 아니라 좋아하는 마음 때문에 생기는 것입니다.

좋아하는 마음이 원수를 만드는 것은 한순간입니다. 우리가 느끼는 모든 감정은 원래부터 좋은 것도 없고, 원래부터 나쁜 것도 없습니다. 적절하면 좋은 감정이고 지나치면 나쁜 감정입니다. 좋아하는 마음도 사랑하는 마음도 지나치면 독이 될 수 있습니다.

好生羨, 羨生忮, 忮成仇.
호 생 선   선 생 기   기 성 구

좋아함은 부러움을 낳고, 부러움은 시기심을 낳으며, 시기심은 원수를 만든다.
『청성잡기』

020 고요히 고여 있는 물처럼

중국 전국 시대 사상가 장자가 말했습니다.

사람은 흐르는 물을 거울로 삼으면 안 되고, 고여 있는 물을 거울로 삼아야 한다.

『장자』 「덕충부(德充符)」에 나오는 말입니다. 흐르는 물에는 형체가 제대로 비치지 않습니다. 반면 고여서 움직이지 않는 물은 마치 거울처럼 형체를 그대로 비춰 줍니다. 사람의 마음도 그렇습니다.

또 다른 전국 시대 사상가 순자가 말했습니다.

사람의 마음은 대야에 담긴 물과 같다. 움직이지 않고 가만히 있으면 탁한 것은 아래로 내려가고 맑은 것은 위로 올라와 얼굴이 또렷이 비친다. 그렇지만 바람이 불어 물이 흔들리면 탁한 것은 아래에서 움직이고 맑은 것은 위에서 어지러워져 올바른 형체를 볼 수가 없다. 마음도 이와 같다.

『순자』 「해폐(解蔽)」에 나오는 말입니다. 대야에 담긴 물을 들여다보면 마치 거울처럼 얼굴이 그대로 비쳐 보입니다. 하지만 그것은 대야에 담긴 물이 미동도 하지 않을 때의 이야기입니다. 만약 바람이라도 불어서 물이 일렁이면 얼굴이 제대로 비치지 않습니다. 흔들리는 물은 형체를 왜곡합니다.

순자는 사람의 마음이 대야에 담긴 물과 같다고 하였습니다. 마음이 평정을 유지하면 고요한 물이 형체를 그대로 비추듯 주위 상황을 정확하게 이해하고 올바른 판단을 내릴 수 있지만, 마음이 어지러우면 흔들리는 물이 형체를 왜곡하듯 상황을 잘못 파악하고 그릇된 판단을 내릴 수도 있다는 것입니다. 사람의 마음이 대야에 담긴 물과 같다는 말은 마음의 평정을 유지해야 올바른 판단을 내릴 수 있다는 뜻입니다.

홧김에 내뱉는 말이나 흥분한 상태에서 하는 행동은 모두 평정을 잃은 마음에서 나오는 것입니다. 마음이 어수선하면 세상이 뒤흔들려 보이고 판단력은 흐려집니다. 흔들리는 마음을 고요히 하는 일은 세상을 바로 비추어 주는 거울을 얻는 일입니다.

人莫鑑於流水, 而鑑於止水.
인 막 감 어 류 수   이 감 어 지 수

사람은 흐르는 물을 거울로 삼으면 안 되고, 고여 있는 물을 거울로 삼아야 한다.
『장자』

2

나를 바꾼다는 것

021 하지 않는 것이 문제다

조선 시대 정조 임금은 백발백중의 활쏘기 명수였습니다. 활쏘기를 좋아했던 그는 자주 신하들을 불러 솜씨를 겨루게 했습니다. 1777년 규장각의 완공을 기념하는 활쏘기 대회가 열렸습니다. 많은 신하들이 참여했는데, 병조 판서 채제공(蔡濟恭)도 그중 한 사람이었습니다. 병조 판서는 전군을 호령하는 자리입니다. 하지만 채제공은 활을 잡아 본 경험이 없는 문신이었습니다. 여러 발을 쏘았지만 명중은커녕 과녁까지 가지도 못했습니다. 이 광경을 묵묵히 지켜본 정조는 그 뒤로 활을 쏘러 갈 때 채제공을 부르지 않았습니다.

오기가 생긴 채제공은 이튿날 아침 용호영(龍虎營)에 가서 과녁을 세워 놓고 활쏘기를 연습했습니다. 하루 종일 쏘았지만 한 발도 맞지 않았습니다. 다음 날도 가서 온종일 쏘았습니다. 역시 한 발도 맞지 않았습니다. 다음 날도 갔습니다. 눈먼 화살 하나가 우연히 과녁에 맞았습니다. 이렇게 열흘이 지나자 점차 맞는 것이 늘어나고, 수십 일이 지나자 절반 넘게 맞힐 수 있었습니다.

그러던 어느 날 정조가 활을 쏘러 가면서 채제공을 불렀습니다. 그가 열심히 연습한다는 소문을 들었기 때문이었습니다. 채제공이 사선에 올라 한 발을 쏘았습니다. 명중을 알리는 깃발이 오르고 북소리가 요란하게 울렸습니다. 다시 한 발을 쏘았습니다. 또 명중이었습니다. 이렇게 다섯 발 가운데 네 발을 맞혔습니다. 그러자 활 잘 쏘기로 유명한 어떤 신하가 맞대결을 청했습니다. 정조는 웃으며 허락했습니다. 결과는 한 발 차이로 채제공의 승리였습니다. 정조는 채제공을 칭찬하며 활 한 자루를 하사했습니다.

채제공은 이렇게 말했습니다.

천하의 일은 하지 않는 것이 문제이다. 하기만 한다면 되지 않는 일이 어디 있겠는가. 내가 활쏘기를 못했던 것은 소질이 없어서가 아니라 게을렀기 때문이다. 이 사실을 기록하여 쉽게 자포자기하는 세상 사람들의 경계로 삼는다.

채제공의 「사궁기(賜弓記)」에 나오는 이야기입니다.

天下事, 人患不爲耳.
천 하 사   인 환 불 위 이

천하의 일은 하지 않는 것이 문제이다. 『번암집』

022 달아나는 마음 잡기

맹자는 달아나는 마음을 잡는 것이 학문이라고 했습니다. 마음이라는 것은 잠시라도 한눈을 팔면 어디론가 달아나는 존재입니다. 그래서 성리학에서는 주일무적(主一無適)을 강조합니다. 마음을 한곳에 고도로 집중하여 다른 곳으로 가지 못하게 한다는 말입니다. 마음이 자꾸 다른 곳으로 가는 이유는 가야 할 곳이 분명하지 않기 때문입니다.

언젠가 기업의 인사 담당자를 만났더니 이런 이야기를 합니다. 수많은 구직자를 만나 보았지만 처음부터 우리 회사에서 이런 일을 하겠다고 마음먹고 착실히 준비해 온 사람은 찾아보기 어려운데, 만약 그런 사람이 있다면 이른바 스펙이 부족하더라도 회사 입장에서는 대환영이라는 것입니다.

그러고 보면 많은 사람들이 앞으로 어디서 무슨 일을 할지 구체적으로 결정하지 못한 채 막연히 스펙 쌓기에 열중하고 있습니다. 그리고 취업 철이 되면 여러 회사에 원서를 넣고 한 군데라도 합격하기를 바랍니다. 취업 현장의 어려운 현실은 잘 알고 있지만, 이는 전략적으로도 좋은 방법이 아닙니다.

임진왜란 때 의병장으로 활약한 최현(崔晛)은 개전 초에 우리 군사가 패배를 거듭한 원인을 분석하고 이렇게 결론지었습니다.

장수 된 사람은 남에게 조종을 받거나 요구를 들어주면 안 된다. 그런데 조기에 계획을 결정하지 못하여 사람들이 의심하고 두려워하게 만들고, 아무런 실속도 없이 이곳저곳에 병력을 분산 배치했다가 점차 와해된 것이다.

무능한 지휘관은 목표를 정하지 못하고 병력을 분산하지만, 유능한 지휘관은 뚜렷한 목표를 세우고 병력을 집중합니다. 취업도 마찬가지입니다. 주위 사람들의 말에 흔들려 이것도 하고 저것도 해 보지만 과연 제대로 하고 있는지 불안합니다. 목표가 막연하기 때문입니다.

목표가 막연하면 스펙은 의미가 없습니다. 이것이 안 되면 저것이라는 안일한 마음보다 '주일무적', 곧 오직 이것뿐이라는 다짐이 필요합니다. 목표가 구체적일수록 실현 가능성이 높아집니다. 그리고 어디론가 달아나는 마음도 붙잡을 수 있을 것입니다.

爲將者, 固不可聽人節制, 苟塞人責而已.
위 장 자   고 불 가 청 인 절 제   구 색 인 책 이 이

장수 된 사람은 남에게 조종을 받거나 요구를 들어주면 안 된다. 『인재집』

023 누구나 처음이 있다

조선 숙종 때의 선비 신성하(申聖夏)는 어느 날 갑자기 선혜청(宣惠廳)의 관원으로 임명되었습니다. 선혜청은 엄청난 돈과 곡식을 관리하는 일종의 국책 은행입니다. 재무와 회계에 문외한이었던 신성하는 몹시 걱정한 나머지 관직을 그만둘 생각까지 했습니다. 그러자 동생 신정하(申靖夏)가 편지를 보내 이렇게 격려했습니다.

모든 일은 닥치면 하게 되는 법입니다. 세상에 아이 키우는 법을 배운 다음에 시집가는 여자는 없습니다.

유교 경전인 『대학』에서 인용한 말입니다. 처음 하는 일이라도 정성과 노력을 다하면 설령 정확히 맞지 않는다 한들 크게 틀리지는 않는다고 하였습니다. 그러면서 예로 든 것이 육아입니다. 모든 어머니는 아이에게 정성과 노력을 다하기 때문에 아이를 처음 키우는 어머니도 저절로 육아에 해박해집니다. 처음 세상에 나서는 한 사람의 선비가 수신(修身), 제가(齊家), 치국(治國), 평천하(平天下)를 차례로 이룩할 수 있다는 유학의 근본 취지는 바로 이러한 믿음에서 비롯된 것입니다.

누구나 처음은 있습니다. 우리는 처음을 앞두면 긴장하고 두려워합니

다. 공부가 부족하고 준비가 미진하다는 생각에 여러 번 고민하고 망설
입니다. 하지만 기회는 우리의 준비가 끝나기를 기다려 주지 않습니다.
기회는 망설이는 사람을 떠나 도전하는 사람에게 오기 마련입니다.

요즘 도전 정신을 키우라는 목소리가 많습니다. 출발하기에 앞서 머
뭇거리는 것이 개개인의 잘못만은 아닙니다. 공정한 경쟁으로 성공할 기
회를 박탈하고, 실패해도 다시 일어서도록 도와주는 최소한의 안전망조
차 갖추지 못한 우리 사회에 일차적인 책임이 있습니다. 하지만 이러한
사회를 바꾸는 방법 역시 도전밖에 없습니다.

막연히 처음이 두려워 주저앉는다면 안타까운 일입니다. 조심하고 준
비하는 자세도 중요하지만, 시작하면 이루어진다는 믿음으로 과감히 도
전하는 자세가 필요합니다.

未有學養子而後嫁者也.
미 유 학 양 자 이 후 가 자 야

아이 키우는 법을 배운 다음에 시집가는 여자는 없다. 『대학』

024 거침없는 말의 위험

성악설로 유명한 순자는 인간의 본성이 선하다고 믿었던 옛 성인들을 비난하고, 인간의 사악한 본성을 예와 법으로 다스려야 한다고 주장했습니다. 그의 제자 한 사람이 진시황에게 등용되어 가혹한 법치를 실천에 옮기게 됩니다. 바로 진나라의 재상 이사(李斯)입니다.

이사는 통치에 방해가 되는 서적을 불태우고 지식인을 땅에 묻었습니다. 이른바 분서갱유입니다. 아이러니한 것은 이사가 스승 순자의 가르침이 담긴 책도 불태웠다는 것입니다. 훗날 소동파는 「순경론(荀卿論)」이라는 글을 지어 진나라의 폭정을 초래한 것은 순자였다고 비판했습니다.

순자는 남다른 이야기를 하는 것을 좋아하여 거침없이 과감한 논의를 펼쳤다. 그가 말을 하면 어리석은 사람은 놀라고 소인배는 기뻐했다. 자사(子思)와 맹자 같은 사람은 천하가 알아주는 현인 군자인데도 순자는 자사와 맹자가 천하를 어지럽혔다고 하였다. 천하에는 어진 사람과 의로운 선비도 많은데 순자는 사람의 본성이 사악하다고 하였다. 걸임금과 주임금 같은 폭군은 본성을 따랐고, 요임금과 순임금 같은 성군은 위선자라고 하였다.

이사는 스승이 자기 소견만 믿고 천하의 어진 이들을 비난하는 모습을 보고 옛 성인을 본받을 필요가 없다고 여겼다. 이사는 순자의 말이 그저 한때의 여론을 통쾌하게 했을 뿐이라는 것을 몰랐고, 순자도 자기가 한 말의 화가 이 지경에 이를 줄은 몰랐다. 결국 이사가 천하를 어지럽힌 것은 모두 순자의 거침없는 말과 남다른 이야기가 초래한 것이다.

거침없는 말과 남다른 이야기는 말하는 사람의 존재를 부각하고 듣는 사람의 마음을 후련하게 해 줍니다. 그래서 사람들은 직설적인 말에 열광합니다. 이것이 막말이 난무하는 까닭입니다.

맹자는 사람이 말을 함부로 하는 까닭은 책임을 묻지 않기 때문이라고 하였습니다. 막말을 뱉어 놓고 뒤늦게 주절주절 변명을 늘어놓는 사람을 보면 생각 없이 내뱉은 말이 언젠가 무거운 책임이 되어 돌아온다는 진리를 깨닫게 됩니다. 입이 화를 부르는 설화(舌禍)의 시대입니다. 통쾌한 말은 재앙의 시작입니다.

高談異論 …… 特以快一時之論.
고 담 이 론   특 이 쾌 일 시 지 론

거침없는 말과 남다른 이야기는 한때의 여론을 통쾌하게 할 뿐이다. 『동파집』

025 오늘이 있을 뿐이다

오늘날에는 바쁘지 않은 사람이 없습니다. 남녀노소를 가리지 않고 모두가 바쁘게 살아가는 시대입니다. 가족과 함께하거나 자기 계발에 투자하고 싶어도 좀처럼 시간을 내기가 어렵습니다. 시간만 있으면, 여유만 생기면 뭐든지 할 수 있을 것 같지만, 그건 착각입니다. 다산 정약용은 『목민심서』에서 이렇게 말했습니다.

"여유가 생긴 다음에 남을 도우려는 사람은 필시 남을 도울 날이 없을 것이며, 여가가 생긴 다음에 책을 읽으려는 사람은 필시 책을 읽을 때가 없을 것이다."

넉넉지 않은 형편에도 남을 돕는 사람이 있는가 하면, 바쁜 시간을 쪼개어 책을 읽는 사람도 있습니다. 여유가 생기고 시간이 남은 다음에야 무언가 하려고 하면 결국 아무것도 하지 못할 것이라는 말입니다. 조선 후기의 문인 혜환(惠寰) 이용휴(李用休)가 쓴 당일헌(當日軒) 곧 오늘을 살아가는 집에 대한 글입니다.

사람이 오늘이 있다는 것을 잊으면서 세상이 잘못되기 시작했다. 어제는 이미 지나갔고 내일은 아직 오지 않았으니 하고자 하는 일이 있다면 오늘이 있을 뿐이다. 이미 지나간 날은 되돌릴 방법이 없고, 아직 오지 않은 날은 많지만 그 많은 날에는 각기 그날 할 일이 있으니 다음날을 생각할 여력이 없다.

이상하게도 한가로움이라는 말은 경전에도 실려 있지 않고 성인께서 말씀한 것도 아닌데 한가로움을 핑계로 소일하는 사람이 있다. 이 때문에 세상일이 제대로 되지 않는 경우가 많다. 하늘도 한가롭지 않아서 항상 움직이는데 사람이 어떻게 한가로울 수 있겠는가.

사람이 하루에 하는 일은 똑같지 않다. 착한 사람은 착한 일을 하고 착하지 않은 사람은 착하지 않은 일을 한다. 그러므로 하루에는 좋고 나쁨이 없고, 쓰는 사람에게 달려 있을 따름이다. 하루가 쌓이면 열흘이 되고 한 달이 되고 한 철이 되고 한 해가 되는 것이니, 사람도 날마다 수양하여 점차 성인의 경지로 나아가야 한다.

주어진 시간은 누구나 같습니다. 어제는 이미 지나갔고 내일은 아직 오지 않았으니, 하고자 하는 일이 있다면 오늘 당장 시작하라고 하였습니다. 마음먹은 대로 쓸 수 있는 시간은 오직 오늘 하루뿐입니다.

欲有所爲, 只在當日.
욕 유 소 위　 지 재 당 일

하고자 하는 일이 있다면 오늘이 있을 뿐이다.『탄만집』

026 나의 판단을 믿는다

줏대 없이 남의 의견에 따라 움직이는 것을 뇌동(雷同)한다고 하지요. 뇌동은 『예기』「곡례」편의 "남의 말을 따라 하지도 말고, 뇌동하지도 마라."라는 구절에서 나온 말입니다. 뇌동은 한자로 우레 뇌, 같을 동입니다. 우레가 치면 세상 만물이 다 같이 진동하듯, 소신 없이 남들 하는 대로 따라 하는 것이 뇌동입니다.

조선 후기의 학자 하곡(霞谷) 정제두(鄭齊斗)는 우리 사상사에 드문 양명학자의 한 사람입니다. 성리학이 지배하던 조선 후기 사회에서 새로운 학문인 양명학을 한다는 것은 매우 위험한 일이었습니다. 양명학을 비난하는 사람들이 정제두를 이단으로 지목하자 그는 이렇게 말했습니다.

취할 점이 있으면 취하고 취할 점이 없으면 취하지 않는 것이니, 오직 나의 판단에 달려 있을 따름이다. 전말을 따지지도 않고 세상 사람들을 따라 뇌동해서야 되겠는가.

다른 사람들의 의견은 어디까지나 그 사람들의 것일 뿐, 판단의 주체는 나입니다. 남들이 모두 옳다고 하는 것을 그르다 하고 남들이 모두 그르다 하는 것을 옳다고 하려면 자신의 주관 그리고 용기가 필요합니다. 만약 옳지 않다고 생각하면서도 비난이 두려워 뇌동했다면 하곡 정제두는 그저 평범한 유학자에 지나지 않았을 것입니다. 확고한 주관과 담대한 용기로 자신의 판단을 믿고 과감히 실천한 결과, 그는 오늘날까지 조선 양명학파의 거두로 명성을 남기게 된 것입니다.

스스로 판단하는 능력, 수많은 정보와 견해가 범람하는 정보 사회에서 갖춰야 할 필수 요소입니다.

苟可取則取之, 不可取則不取, 惟在我之權度而已.
구 가 취 즉 취 지   불 가 취 즉 불 취   유 재 아 지 권 도 이 이

취할 점이 있으면 취하고 취할 점이 없으면 취하지 않는 것이니, 오직 나의 판단에 달려 있을 따름이다. 『하곡집』

027 나이가 숫자에 불과한 이유

50세는 인생의 정점을 통과하는 시기입니다. 공자는 50세를 지천명(知天命), 곧 천명을 알게 되는 나이라고 했습니다. 천명을 안다는 것은 세상 이치를 터득하고 자기 운명을 받아들이게 된다는 말입니다. 운명 앞에서 체념하라는 뜻이 아니라, 반세기를 살면서 쌓은 연륜과 경험을 바탕 삼아 지난 인생을 되돌아보고 남은 인생을 새롭게 준비하라는 뜻입니다.

공자와 동시대에 거백옥(蘧伯玉)이라는 사람이 있었습니다. 거백옥은 50세가 되어서야 비로소 지난 49년의 인생을 잘못 살았다는 사실을 깨달았습니다. 그는 환갑이 될 때까지 해마다 자신의 잘못을 돌아보며 변화를 다짐했습니다. 그 결과, 거백옥은 공자의 존경을 받은 사람으로 역사에 길이 남게 되었습니다.

자기가 틀렸다는 것을 인정하지 않으려는 것이 사람의 마음입니다. 스무 살만 되어도 나름의 세계관과 가치관을 세우고 좀처럼 바꾸려 하지 않으니, 그보다 나이가 많은 사람이야 말할 것도 없습니다. 살아온 날이 오래일수록 얕은 경험과 좁은 소견만 믿고서 자신의 주장을 관철하려 드는 법입니다. 사람이 나이가 들수록 완고한 성격으로 변하기 쉬운 것은 이 때문입니다.

동방 오현(東方五賢)의 한 사람인 회재(晦齋) 이언적(李彦迪)이 말했습니다.

거백옥은 나이 오십에 마흔아홉 해의 잘못을 깨닫고, 나이 육십이 될 때까지 육십 번 변화했다. 옛날의 군자는 잘못을 고치는 데 인색하지 않았으므로 나이가 들수록 덕이 높아졌다.

아무리 나이가 많아도 중요한 것은 지나간 인생이 아니라 앞으로 남은 인생입니다. 지난 인생이 아까워 남은 인생을 버릴 수는 없습니다. 거백옥처럼 지난 인생을 송두리째 부정하는 데는 대단한 용기가 필요합니다. 하지만 그 용기를 가진 사람만이 나이의 벽을 넘어 새로운 성취를 이룰 수 있습니다. 나이가 숫자에 불과한 이유는 항상 변화의 가능성이 있기 때문입니다.

古之君子改過不吝, 故年彌高而德彌進也.
고 지 군 자 개 과 불 린   고 년 미 고 이 덕 미 진 야

옛날의 군자는 허물을 고치는 데 인색하지 않았으므로 나이가 들수록 덕이 높아졌다. 『회재집』

028 사람을 바꿀 수 있는 것

요즘 아이들, 여간해서는 어른 말을 듣지 않습니다. 아이들이 말을 듣지 않는 이유는 자기 나름의 생각과 기호가 있기 때문입니다. 청소년기가 되면 그것이 점차 굳어져 가치관과 세계관을 이루게 됩니다. 굳어진 주관은 한두 마디 말로 바꿀 수 없습니다. 충격적인 경험과 절실한 깨달음이 아니면 사람은 쉽게 바뀌지 않습니다.

옛날에는 사람을 바꾸려면 먼저 그 사람의 성격을 형성하는 기질(氣質)을 바꾸어야 한다고 믿었습니다. 성리학에서는 기질을 선천적으로 타고나는 것이 아니라 후천적으로 형성되는 것이라고 보았습니다. 그래서 유학자들은 기질을 바꾸는 변화기질(變化氣質)을 공부의 첫 단계로 삼았습니다. 조선 중기의 학자 지봉(芝峰) 이수광(李睟光)이 말했습니다.

사람이 편협하고 조급하고 음험하고 게으른 것은 모두 기질의 병이다. 기질은 가장 바꾸기 어렵다. 그러므로 배우는 사람은 기질을 바꾸는 것을 가장 먼저 할 일로 삼아야 한다.

이수광의 「병촉잡기(秉燭雜記)」라는 글에 나오는 내용입니다. 사람의 단점은 대개 기질의 문제입니다. 편협한 것도 조급한 것도 음험한 것도 게으른 것도 모두 기질 탓입니다. 기질은 타고나는 것이 아니라 습관으로 만들어지는 것입니다. 습관을 바꾸면 기질을 바꿀 수 있고, 기질을 바꾸면 사람이 달라질 수 있습니다. 그러므로 배우는 사람은 기질을 바꾸는 것이 가장 먼저 할 일이라고 말한 것입니다.

지금의 자신과 다른 모습으로 변화하고 싶다면, 오랜 습관으로 형성된 기질을 먼저 바꾸어야 합니다. 기질은 다른 사람이 바꾸어 줄 수 있는 것이 아닙니다. 사람은 스스로 변화하려는 굳은 의지와 오랜 노력이 없으면 결코 바뀌지 않습니다. 나를 바꿀 수 있는 건 오직 나 자신뿐입니다.

學者以變化氣質爲第一件事.
학 자 이 변 화 기 질 위 제 일 건 사

배우는 사람은 기질을 바꾸는 것을 가장 먼저 할 일로 삼아야 한다. 『지봉집』

029 공부하기 좋은 때

공부에는 때가 있다는 말이 있습니다. 학교 다닐 때 열심히 공부하지 않으면 나중에 후회한다는 뜻인데요. 두뇌 회전이 빠르고 기억력이 좋은 젊은 시절에 공부를 해야 한다는 것이기도 합니다. 하지만 젊어서는 다른 데 정신이 팔려 공부하기가 어렵습니다.

반면 공부하기에 늦은 때란 없다는 말도 있습니다. 나이 들어 공부를 시작한 만학도에게 나이를 핑계 삼지 말고 열심히 하라는 격려입니다. 하지만 나이를 먹으면 머리가 의욕만큼 따라 주지 않는 것 같아 공부하기가 어렵습니다. 뒤늦게 시작한 공부는 과연 부질없는 짓일까요. 조선 중기의 유학자 장암(丈巖) 정호(鄭澔)의 말입니다.

어려서 공부하는 것은 해가 처음 떠오르는 것과 같고, 젊어서 공부하는 것은 해가 중천에 떠 있는 것과 같으며, 늙어서 공부하는 것은 밤에 촛불을 켜는 것과 같다. 그러니 어리고 젊을 때 공부하는 것이 가장 좋지만 늙어서 배우는 것도 늦었다고 할 수는 없다. 밤에 촛불을 켜면 아무리 어두운 곳이라도 밝아지니, 계속 촛불을 켜 놓으면 햇빛을 대신할 수 있다. 촛불과 햇빛이 다르기는 하지만 밝기는 마찬가지이다. 그리고 공부의 참맛은 늙어서야 진정으로 느낄 수 있다.

정호는 1710년 예순세 살의 나이에 함경도 갑산에 유배되었습니다. 소일거리를 찾던 그는 젊은 시절에 보다 만 책을 펴고 공부를 시작했습니다. 때때로 마음에 맞는 구절을 만나면 유배객의 고생도 잊었고, 마음이 맞는 두세 사람과 함께 책을 읽으며 열심히 토론하다 보니 공부란 끝이 없다는 사실을 깨달았습니다. 그는 늙어서 공부하는 것이 젊어서 공부하는 것보다 어렵기는 하지만, 공부의 참맛은 오히려 늙어서야 제대로 알 수 있다고 하였습니다. 출세를 위한 공부가 아니라 자신을 위한 진정한 공부이기 때문입니다.

자신을 위한 공부에 늦은 때는 없습니다.

幼壯之學, 無以尙已, 旣老且學, 毋曰晩矣.
유 장 지 학　무 이 상 이　기 노 차 학　무 왈 만 의

어리고 젊을 때 공부하는 것이 가장 좋지만, 늙어서 배우는 것도 늦었다고 할 수는 없다.『장암집』

030 인생에서 경계할 세 가지

사람의 일생은 욕심과 의지의 싸움입니다. 사람의 욕심은 나이에 따라 달라지므로 그 욕심을 이겨 내려는 의지도 달라져야 합니다. 『논어』에 나오는 말입니다.

군자는 세 가지 경계할 것이 있다. 소년기에는 혈기가 안정되지 않았으므로 성욕을 경계해야 한다. 장년기에는 혈기가 왕성하므로 승부욕을 경계해야 한다. 노년기에는 혈기가 쇠약해지므로 탐욕을 경계해야 한다.

청소년기는 성에 대한 호기심이 많고 성욕이 왕성한 때입니다. 하지만 정신과 신체가 미숙한 청소년이 성욕에 탐닉한다면 정신적으로나 육체적으로나 올바른 성장을 저해합니다. 성경에도 소년의 성욕을 피하라는 말이 있으니, 이는 동서고금의 진리가 분명합니다.

장년기에 접어들면 능력을 인정받고 성공을 거두려는 생각에 승부욕이 강해집니다. 하지만 지나친 경쟁심으로 정력을 낭비하다가 몸을 상하기 일쑤이므로 이 역시 조심해야 합니다.

노년기에 조심할 것은 탐욕입니다. 노인이 유난히 욕심을 부린다는 말이 아니라, 욕심은 젊었을 적 그대로인데 기력이 쇠약해지면 의지도 약해지므로 욕심을 이겨 내기 어렵다는 뜻입니다. 따라서 노인에게는 욕심을 절제하고 만족을 아는 지혜가 필요합니다.

성욕과 승부욕 그리고 탐욕은 나이에 따라 가장 저지르기 쉬운 잘못이기도 합니다. 하지만 우리가 젊은이에게, 중년에게, 노인에게 기대하는 것은 그와 반대입니다.

우리가 젊은이에게 기대하는 것은 순수한 열정과 패기입니다. 젊어서부터 자신의 욕심을 채우기 위해 거짓과 술수를 일삼는다면 젊음의 가치를 스스로 저버리는 것입니다. 우리가 중년에게 기대하는 것은 신뢰와 협력입니다. 대화와 타협을 모르고 싸움을 일삼는 사람에게 중년의 연륜은 찾아볼 수 없습니다. 우리가 노인에게 기대하는 것은 관용과 만족입니다. 늙어서도 자기만 옳다는 고집을 굽히지 않고 욕심에 눈멀어 있다면 그 사람의 지난 인생은 그야말로 헛된 인생입니다. 이 세 가지 경계만 지킨다면, 인생에서 궁지에 몰리는 일은 없을 것입니다.

君子有三戒.
군 자 유 삼 계

군자는 세 가지 경계할 것이 있다.『논어』

031 성공의 이유

기대보다 좋은 성과를 거두면 기뻐하는 것이 인지상정입니다. 하지만 중요한 것은 그때부터입니다. 좋은 결실을 낸 이유를 분석하고 다음 할 일을 준비해야 합니다. 『여씨춘추(呂氏春秋)』에 나오는 이야기입니다.

일이 그렇게 되는 데는 반드시 이유가 있기 마련이다. 이유를 모르면 일이 잘되더라도 잘되지 않은 것이나 마찬가지이므로 결국은 곤경에 처하게 된다. 옛날의 훌륭한 사람들이 보통 사람들보다 뛰어났던 것은 이유를 알았기 때문이다.

자열자(子列子)가 활을 쏘았는데 우연히 과녁에 명중했다. 관윤자(關尹子)가 물었다.

"그대는 명중한 이유를 알겠는가?"

자열자가 모른다고 대답하자 관윤자가 말했다.

"그렇다면 명중했다고 말할 수 없다."

자열자가 3년 동안 활쏘기를 연습하고서 다시 관윤자를 찾아갔다. 관윤자가 물었다.

"그대는 명중한 이유를 알겠는가?"

자열자가 알겠다고 대답하자 관윤자가 말했다.

"명중시킨 방법을 잘 간직해서 잃지 않도록 하여라."

활쏘기만 그런 것이 아니라 국가의 흥망과 개인의 성패에도 다 이유가 있다. 성인은 흥망과 성패를 보는 것이 아니라 그렇게 된 이유를 본다.

'승패(勝敗)는 병가지상사(兵家之常事)'라는 말이 있습니다. 이기고 지는 것은 전쟁에서 늘 있는 일이라는 뜻입니다. 전쟁만 그런 것이 아니라 인생을 살다 보면 승리와 패배를 반복하기 마련입니다. 승리를 거두었다고 자만하는 것도, 패배를 겪었다고 좌절하는 것도 모두 선부른 짓입니다. 넓은 안목으로 보면 한때의 승리와 패배는 중요하지 않습니다. 승부의 기회는 언제든 다시 올 수 있기 때문입니다.

맡은 일이 잘 되어서 어깨가 으쓱할 때나 결과가 좋지 못해 움츠러들 때에도 그렇게 된 이유를 보아야 합니다. 이유를 모르는 성공은 요행에 불과하며, 이유를 모르는 실패는 경험이 될 수 없습니다. 성공에서 배우지 못한다면 다시 성공할 수 없고, 실패에서 배우지 못한다면 다시 실패할 것입니다.

聖人不察存亡賢不肖, 而察其所以也.
성 인 불 찰 존 망 현 불 초   이 찰 기 소 이 야

성인은 흥망과 성패를 보는 것이 아니라 그렇게 된 이유를 본다. 『여씨춘추』

032 19년의 역경

일이 조금만 뜻대로 안 된다 싶으면 다른 데로 눈을 돌리고, 사소한 어려움을 만나면 쉽게 포기하는 사람이 많습니다. 억지로 참아 가며 하던 일을 계속해 보기도 하지만 도대체 이런 고생을 얼마나 더 해야 할지, 언제쯤 성과를 거두게 될지 조바심을 내며 답답해합니다. 성공에 조급한 현대인을 위해 유몽인의 『어우야담(於于野談)』이 주는 교훈입니다.

사람이 어떤 일을 할 적에는 19년을 기한으로 삼아야 한다. 진(晉)나라 문공은 외국을 떠돌다가 19년 만에 귀국하여 패자(霸者)가 되었고, 소무는 흉노족에게 잡혀 있다가 19년 만에 돌아와 공신이 되었다. 장건은 서역에 들어간 지 19년 만에 돌아와 제후가 되어 영원히 명성을 전하게 되었으며, 범려는 19년 만에 큰 부자가 되었고, 사마광은 19년 동안 낙양에 살다가 재상이 되었다. 우리나라에서는 노수신이 19년 동안 진도에서 귀양살이를 하다가 조정에 들어와 정승이 되었다.

요즘 사람들은 일을 할 적에 잠깐 하다가 금방 그만두곤 하는데, 하루 만에 그만두기도 하고, 한 달 만에 그만두기도 하며, 한 해를 하다가 그만두기도 한다. 몇 년 이상을 참아 내지 못하고 일이 이루어지지 않는다고 원망하며, 이내 스스로 한계를 긋고 경박한 사람이 되고 마니 슬픈 일이다.

우리 현대사에도 19년이라는 오랜 세월 동안 역경을 견뎌 낸 끝에 큰 성취를 거둔 사람들이 많습니다. 이승만 대통령은 고종 황제 폐위 음모에 가담했다는 혐의를 받고 투옥된 지 19년 만에 임시 정부 초대 대통령이 되었으며, 김구 선생은 일본군을 살해하여 사형 선고를 받은 뒤 탈옥해서 승려로 신분을 감추고 전국을 떠돌다가 환속한 지 19년 만에 임시 정부 초대 경무국장이 되었습니다.

김대중 대통령은 1978년 가택 연금을 당한 지 19년 만인 1997년 대통령에 당선되었고, 박근혜 대통령은 1979년 10·26 사건이 일어난 지 19년 만인 1998년 처음 국회 의원이 되어 정계에 입문했습니다. 이 사람들이 19년 전 맞닥뜨린 역경에 좌절했다면 오늘날 우리가 알고 있는 그들은 없을 것입니다. 사람이 이루는 성공의 크기는 그가 역경을 견뎌 낸 기간에 비례합니다.

凡人作事, 宜以十九年期.
범 인 작 사   의 이 십 구 년 기

사람이 어떤 일을 할 적에는 19년을 기한으로 삼아야 한다.『어우야담』

033 누구를 위해 사는가

사람들은 남보다 내가 중요하다고 여깁니다. 하지만 실제로는 많은 시간을 남의 눈에 내가 어떻게 비치는지 신경쓰면서 남에게 보여 주기 위한 삶을 살아가고 있습니다. 우리는 어째서 나를 감추고 남에게 맞추며 스스로를 지치게 하는 것일까요. 나를 위한 삶을 되찾는 방법, 이용휴의 「아암기(我菴記)」입니다.

나와 남을 비교하면 나는 가깝고 남은 멀다. 나와 사물을 비교하면 나는 귀하고 사물은 천하다. 그런데 세상에서는 거꾸로 가까운 것이 먼 것의 명령을 따르고, 귀한 것이 천한 것을 위해 일한다. 그 까닭은 무엇인가? 욕심이 지혜를 가리고 습관이 진실을 감추기 때문이다. 그래서 좋아하고 미워하고 기뻐하고 성내는 감정과 모든 행동을 스스로 하지 못하고 남을 따라서 하게 된다. 심한 경우에는 말하고 웃고 얼굴 표정을 꾸며 가면서 남에게 심심풀이를 제공한다. 정신과 육체 어느 하나 나에게 속한 것이 없으니 부끄러운 일이다.

나는 누구보다도 나와 가까운 존재이며, 무엇보다도 나에게 귀중한 존재입니다. 그런데 많은 사람들이 내가 만족하는 삶보다 남에게 보여 주기 위한 삶을 선택합니다. 내가 진정으로 원하는 것이 무엇인지도 모르는 채, 남에게 부끄럽지 않고자 내가 원하지도 않는 것을 구하며 살아가는 자신을 발견하게 됩니다.

이용휴는 이렇게 나를 잊고 남을 위해 살아가는 원인으로 욕심과 습관을 지목했습니다. 남에게 잘 보이려는 욕심, 그리고 남들이 하는 대로 따르는 습관 탓에 결국 나의 몸과 마음이 남들에 의해 좌지우지됩니다. 그러나 세상에 나보다 중요한 것은 없습니다. 나의 지혜를 쓰고, 내 안의 진실을 따르는 것이 나를 위한 삶을 되찾는 방법입니다.

欲蔽其明, 習汩其眞.
욕 폐 기 명   습 골 기 진

욕심은 지혜를 가리고 습관은 진실을 감춘다.『혜환잡저』

034 오늘을 잡아라

복권에 당첨된 사람이 얼마 못 가 당첨금을 탕진하고 빈털터리가 되었다는 이야기를 가끔 듣게 됩니다. 평생 놀고먹어도 될 정도의 큰 돈을 손에 넣고도 아무 생각 없이 마구 써 버린 결과입니다. 이런 이야기를 들을 때마다 '나라면 그러지 않을텐데.' 하고 생각하지만 과연 그럴지 알 수 없습니다. 우리에게는 돈보다 훨씬 가치 있는데도 아무런 생각 없이 마구 써 버리는 것이 있기 때문입니다. 바로 시간입니다.

일확천금한 사람들은 돈이 무한정 있는 줄로 착각하고 함부로 쓰다가 돈이 다 떨어지고 나서야 후회합니다. 시간도 마찬가지입니다. 우리는 시간이 무한정 있는 줄로 착각하지만 나이를 먹고 주어진 시간이 얼마 남지 않았다는 것을 깨닫고 나서야 후회합니다.

19세기의 유학자 매산(梅山) 홍직필(洪直弼)이 마흔여덟 살 때 열다섯 살 먹은 조카 김병규(金炳圭)에게 보낸 편지입니다.

너는 주자(朱子)가 학문을 권장한 글을 보지 못했느냐. 그 글에 이렇게 말했다. "오늘 공부하지 않고서 내일이 있다고 말하지 말며, 올해 배우지 않고서 내년이 있다고 말하지 말라. 시간은 흘러가고 세월은 나를 기다려 주지 않는다. 아, 늙었구나. 이것은 누구의 잘못인가."

젊어서는 이 말이 절실하다는 것을 깨닫지 못하다가 이제 어느덧 늙어서 젊은 시절을 돌아보니 후회해도 어찌할 수가 없다. 너는 반드시 이 뜻을 깨닫고 조속히 노력하여 더욱 부지런히 하여라.

젊어서는 시간이 소중하다는 것을 알기 어렵습니다. 자유롭게 쓸 수 있는 시간이 갑자기 많이 주어지면 방탕하고 나태한 생활에 빠져 시간을 낭비하기 십상입니다. 시간을 제대로 관리하지 못하는 사람이 돈을 제대로 관리할 리가 없습니다. 시간을 낭비하는 사람은 복권에 당첨되어도 빈털터리가 될 것이 분명합니다. "오늘 공부하지 않고서 내일이 있다고 말하지 말라."라는 주희의 말처럼, 시간을 아끼는 방법은 현재에 충실히 사는 것뿐입니다.

勿謂今日不學而有來日, 勿謂今年不學而有來年.
물 위 금 일 불 학 이 유 내 일   물 위 금 년 불 학 이 유 내 년

오늘 공부하지 않고서 내일이 있다고 말하지 말며, 올해 공부하지 않고서 내년이 있다고 말하지 말라.『매산집』

035 만 가지 일을 처리하는 방법

일일만기(一日萬機)라는 말이 있습니다. 하루에도 만 가지 업무를 처리해야 하는 군주의 자리를 비유한 말입니다. 사회가 복잡해지고 변화가 빨라진 오늘날에는 모든 사람이 일일만기의 자리에 앉아 있다고 해도 과언이 아닙니다.

직장인들은 하루에도 수많은 업무를 처리해야 합니다. 그중에는 어려운 일도 있고 비교적 쉬운 일도 있는데, 어려운 일부터 먼저 손을 대야 할지 아니면 쉬운 일부터 서둘러 끝내는 것이 좋을지 고민입니다. 어려운 일부터 하자니 차마 엄두가 나지 않고, 쉬운 일부터 하자니 어려운 일이 못내 마음에 걸립니다. 일의 우선순위를 정해서 순서대로 처리해야 능력 있는 사람이라는데, 많은 업무들 사이에서 갈피를 못 잡다가 결국 하나도 제대로 하지 못한 경험은 누구나 있을 것입니다.

어렵고 쉬운 일이 섞여 있는 복잡한 업무를 처리하는 것은 한 편의 글을 쓰는 것과 같습니다. 술술 잘 풀리는 곳이 있는가 하면, 꽉 막혀서 진도가 나가지 않는 곳도 있습니다. 이 점에서 정조 임금이 설명한 글 짓는 방법이 도움이 될 것입니다. 정조 임금의 말과 행동을 신하들이 기록한 「일득록(日得錄)」에 나오는 말입니다.

글을 지을 때 다른 것은 어렵지 않지만 중요한 곳이 몹시 어렵다. 글 한 편을 지을 적에는 잠깐 사이에 수천수만 자를 쓸 수도 있지만 중요한 곳에서는 한 글자를 쓰는 데에도 몹시 애를 먹는다. 글 짓는 사람이 어려운 곳을 보면서 쉬운 곳부터 손을 댄다면 좋은 글을 지을 수 있을 것이다.

좋은 글을 지으려면 어려운 곳을 보면서 쉬운 곳부터 손을 대라고 하였습니다. 어려운 일부터 손을 대면 초반에 지나치게 힘을 쓴 나머지 쉽게 지치고 맙니다. 그렇다고 어려운 일을 망각한 채 쉬운 일에 몰두하면서 뭔가 열심히 하고 있다고 스스로를 위안하는 것도 바람직하지 않습니다. 복잡한 업무를 전체적으로 조망하면서, 쉬운 일부터 하나씩 처리하는 것이 관건입니다. 우왕좌왕하다가 얼크러진 일이 얼마나 많았는지 생각해 보면 "어려운 곳을 보면서 쉬운 곳부터 손을 댄다."라는 간단명료한 말이 참으로 절실하다는 사실을 깨닫게 될 것입니다.

難處著眼, 易處信手.
난 처 착 안   역 처 신 수

어려운 곳을 보면서 쉬운 곳부터 손대야 한다.『홍재전서』

036 말은 생각에서 나온다

입으로 하는 말과 실제 행동이 일치하는 것을 언행일치(言行一致)라고 하지요. 따지고 보면 입으로 말을 하는 것은 눈으로 사물을 보고 귀로 소리를 듣는 것처럼 우리 몸이 가진 한 가지 기능일 뿐인데, 유독 말과 행동이 일치해야 한다고 하는 이유는 무엇일까요. 조선 중기의 저명한 성리학자 여호(黎湖) 박필주(朴弼周)의 「언행설(言行說)」이라는 글에 나오는 내용입니다.

입으로는 말을 하고, 눈으로는 사물을 보고, 귀로는 소리를 듣는다. 입과 눈과 귀는 각각 한 가지 기능을 담당하므로 어느 것이 더 중요하다고 할 수 없을 듯하다. 그런데 그중에서도 유독 말을 문제 삼아 행동과 맞지 않는다고 하는 이유는 무엇인가?

말은 반드시 마음과 생각에서 나오니, 입에서 나오는 것이 아니라 입을 통해서 나올 뿐이다. 마음속에 있는 여러 가지 생각과 감정이 하나하나 말로 나오는 법이므로, 말이 아니면 마음속에 있는 것을 알 수가 없다.

입과 눈과 귀는 말하고 보고 듣는 역할을 나누어 맡습니다. 모두 꼭 필요한 역할이지만 항상 입이 문제를 일으킵니다. 눈은 보기 싫은 것을 보아야 할 때도 있고, 귀는 듣기 싫은 것을 들어야 할 때도 있습니다. 마음과는 관계가 없습니다. 하지만 입은 다릅니다. 말은 마음이 시켜서 입을 통해 나오는 것입니다. 성경에도 "입에서 나오는 것들은 마음에서 나오나니 이것이야말로 사람을 더럽게 하느니라."라고 하였습니다. 이처럼 말이 그 사람의 마음을 나타낸다는 것은 동서양의 공통된 생각입니다.

말실수를 저지른 사람은 '입이 방정이지.' 하며 입을 탓합니다. 하지만 탓해야 할 것은 입이 아니라 생각입니다. 말실수를 한 사람이 비난받는 이유는 말이 곧 그 사람의 생각이라고 여겨지기 때문입니다. 말실수는 말과 생각이 다르기 때문이 아니라 생각을 그대로 말했기 때문에 생기는 것입니다. 말은 입에서 나오는 것이 아니라, 입을 통해서 나올 뿐이기 때문입니다.

言必由乎心思, 其機不但在口, 而特發之者爲口耳.
언 필 유 호 심 사   기 기 부 단 재 구   이 특 발 지 자 위 구 이

말은 반드시 마음과 생각에서 나오니, 입에서 나오는 것이 아니라 입을 통해서 나올 뿐이다.『여호집』

037 끝 그리고 시작

시작이 반이라는 속담이 있습니다. 무슨 일이든 시작하기가 어렵지, 일단 시작하기만 하면 마무리하기는 그리 어렵지 않다는 뜻입니다. 엄두가 나지 않아 시작도 못하고 포기하는 일이 얼마나 많은지 생각하면 참으로 옳은 말입니다.

한편 『전국책(戰國策)』에서는 "백 리를 가는 사람은 구십 리가 절반"이라고 했습니다. 백 리의 절반이면 오십 리인데 구십 리가 절반이라고한 이유는 뭐니 뭐니 해도 끝맺기가 가장 어려우니, 끝까지 긴장을 늦추지 말아야 한다는 뜻이겠지요. 처음에는 잘하다가도 중간에 해이해져결국 놓아 버리고 마는 일이 얼마나 많은지 생각하면, 이 역시 옳은 말입니다.

이처럼 시작도 어렵고 끝도 어렵지만, 무턱대고 시작하면 끝이 좋을리 없습니다. 의암 유인석이 말했습니다.

일은 시작과 끝이 모두 중요하다. 시작할 때는 잘 선택해야 하고, 끝맺을 때까지는 멈추지 말아야 한다. 광석 사이에서 좋은 쇠를 선택하여 멈추지 않고 단련하면 극도로 정제할 수 있고, 잡초 사이에서 좋은 곡식을 선택하여 멈추지 않고 기르면 열매를 맺을 수 있다.

시작이 반이라는 속담은 시작이 중요하다는 말이고, 백 리를 가는 사람은 구십 리가 반이라는 옛말은 끝이 중요하다는 말이다. 그런데 경전을 보면 시작과 끝이라고 하지 않고 끝과 시작이라고 하였다. 그 이유는 무엇인가? 끝을 헤아려 시작해야 시작한 일을 끝맺을 수 있다는 뜻이다.

끝이 있으려면 반드시 시작이 있어야 합니다. 하지만 시작이 있다고 다 끝이 있는 것은 아닙니다. 경전에는 시작과 끝이라는 뜻의 시종(始終)이라는 말보다 끝과 시작이라는 뜻의 종시(終始)라는 말이 더 자주 나옵니다. 시작에 앞서 신중히 끝을 헤아려야 시작한 일을 끝마칠 수 있다는 뜻에서 끝을 앞에 두어 종시라고 했다는 것입니다.

시작이 먼저고 끝이 다음이라고 생각하지만 그렇지 않습니다. 끝이 먼저고 그다음이 시작입니다.

圖終而作始, 有始而成終也.
도 종 이 작 시   유 시 이 성 종 야

끝을 헤아려 시작해야 시작한 일을 끝맺을 수 있다.『의암집』

038　옛사람의 건강 비결

아이가 원하는 것을 다 들어주면 나중에는 아이를 망치게 됩니다. 마찬
가지로 우리 몸이 원하는 것을 다 들어주면 결국에는 몸을 상하게 됩니
다. 몸이 원한다고 해서 몸에 꼭 필요한 것은 아니기 때문입니다.

　조선 후기 학자 성대중은 서자 출신으로 규장각 검서관을 지냈습니
다. 어려서는 병약했지만 나이가 들수록 건강해졌고, 예순이 넘도록 피
부가 팽팽하고 윤기가 흘렀습니다. 그는 자신의 건강 비결을 이렇게 설명
했습니다.

　몸은 항상 수고롭게 하고, 마음은 항상 한가롭게 가지며, 음식은 항상 간소하
　게 차리고, 잠은 항상 편안하게 자라. 건강을 유지하는 비결은 이 넷을 벗어나
　지 않는다.

　성대중의 건강 비결은 네 가지였습니다. 첫째로 몸은 항상 수고롭게
하라고 했습니다. 몸은 편안한 것을 좋아합니다. 걸으면 서고 싶고, 서면
앉고 싶고, 앉으면 눕고 싶어 합니다. 하지만 쓰지 않는 기계가 녹스는
것처럼 움직이지 않는 몸은 약해지기 마련입니다. 적절한 운동은 건강
유지에 필수적입니다.

둘째로 마음은 항상 한가롭게 가지라고 했습니다. 일이 뜻대로 되지 않으면 마음은 자꾸 초조해집니다. 하지만 조급한 마음은 건강에 해롭습니다. 게다가 초조하게 서두르면 될 일도 망치기 쉽습니다. 행동은 빨라야 하지만 마음은 느긋해야 합니다.

셋째로 음식은 항상 간소하게 차리라고 했습니다. 마냥 적게 먹는다고 좋은 것은 아니지만, 음식을 조절하는 것이 건강에 중요하다는 것은 상식입니다.

끝으로 잠은 항상 편안하게 자라고 했습니다. 수면 시간보다 중요한 것이 수면의 질입니다. 불규칙한 생활이나 과음은 수면의 질을 악화시킵니다. 숙면을 취하기 위해서는 절제가 필요합니다.

이처럼 건강을 유지하는 비결은 욕심을 조절하고 생활을 절제하는 데 달려 있습니다. 몸은 수고롭게, 마음은 한가롭게, 음식은 간소하게, 잠은 편안하게. 이것이 옛사람이 알려 주는 건강의 비결입니다.

體欲常勞, 心欲常逸, 食欲常簡, 睡欲常穩.
체 욕 상 노   심 욕 상 일   식 욕 상 간   수 욕 상 온

몸은 항상 수고롭게 하고, 마음은 항상 한가롭게 가지며, 음식은 항상 간소하게 차리고, 잠은 항상 편안하게 자라.『청성잡기』

039 나 자신을 넘어서

공자의 제자 염구(冉求)가 말했습니다.

"저는 선생님의 가르침을 따르고 싶지만 힘이 부족해서 따를 수가 없습니다."

그러자 공자가 말했습니다.

"힘이 부족한 사람은 중도에 그만두는 법이다. 지금 너는 스스로 한계를 긋고 있다."

『논어』「옹야」 편에 나오는 말입니다.

여기서 스스로 한계를 긋는다는 말을 한자로 자획(自劃)이라고 합니다. 스스로 자, 그을 획. 스스로 선을 그어 놓고 여기까지가 나의 한계라 단정 짓는다는 뜻입니다. 한계를 넘기에는 힘이 부족하다고 생각하기 때문이지만, 정말 능력이 모자라다면 일단 해 보고 중간에 꺾일망정 시작도 하기 전에 지레 포기하는 일은 없을 것입니다.

정조 임금이 말했습니다.

천하에 자포자기만큼 나쁜 것은 없지만, 스스로 한계를 긋는 것은 자포자기보다 더 나쁘다. 스스로 한계를 긋는 사람은 모른다고 하지만 자포자기한 사람처럼 전혀 모르는 것이 아니고, 못한다고 하지만 자포자기한 사람처럼 전혀 못하는 것도 아니다. 알고 있으면서도 정성을 다하지 않고, 할 수 있으면서도 힘쓰지 않고서 자기가 부족하다고 하는 사람이 바로 스스로 한계를 긋는 사람이다.

한계를 긋는다는 것은 무엇인가? 한계를 정해 놓고 더는 나아가지 않는 것이다. 이는 남들이 정한 한계가 아니라 스스로 정한 한계이다. 스스로 한계를 그어 놓고 나아가지 않는다면 도리어 자포자기하는 사람에게 부끄럽지 않겠는가.

『홍재전서(弘齋全書)』에 실린 내용입니다. 스스로 한계를 긋는 것은 자포자기보다 더 나쁘다고 했습니다. 못하는 것이 아니라 안 하는 것이기 때문입니다. 충분히 가능성이 있는데도 자기가 정해 놓은 한계 때문에 능력을 발휘하지 못한다면 안타까운 일입니다.

많은 사람들이 한계를 뛰어넘기 위해 도전하기보다는 익숙한 활동 반경을 설정하고 그 속에 갇히는 쪽을 택합니다. 그러나 세상에서 가장 넘기 어려운 장애물은 스스로 쌓은 벽입니다.

今女劃.
금 여 획

지금 너는 스스로 한계를 긋고 있다. 『논어』

040 웅덩이를 채워야 흐르는 물처럼

"흐르는 물은 웅덩이를 가득 채우지 않으면 흘러가지 않는다."『맹자』
「진심 상」에 나오는 구절입니다. 흐르는 물은 웅덩이를 만나면 우선 고
이기 시작합니다. 웅덩이를 다 채우고 흘러넘쳐야 다시 흐르는 법입니다.
갈 길이 바쁘다고 해서 웅덩이를 건너뛰고 흘러가는 물은 존재하지 않
습니다.

공부도 마찬가지입니다. 옛사람들이 공부할 때 가장 경계한 것은 단
계를 건너뛰는 일이었습니다. 이것을 뛰어넘을 엽, 등급 등 자를 써서 엽
등(躐等)이라고 합니다. 공부하는 사람이 엽등을 경계해야 하는 이유,
구한말의 유학자 화서(華西) 이항로(李恒老)가 말했습니다.

사람의 우환은 단계를 건너뛰는 것이다. 사람이 무슨 일을 말할 때 대뜸 시작과
끝만 이야기하고 중간의 허다한 단계를 자세히 말하지 않는 까닭은 다름이 아니
라 자기가 직접 경험하지 못했기 때문이다. 이것은 남을 속이는 말이다. 세상의
무슨 일이든 단계를 뛰어넘어 이루어지는 것은 없다.

옷을 가지고 비유하자면 누에를 치고 실을 뽑고 옷감을 짜고 바느질을 하는
단계를 다 거쳐야 옷이 만들어진다. 누에를 치지 않으면 옷을 만들 수 없고, 실
을 뽑지 않으면 옷을 만들 수 없고, 옷감을 짜지 않으면 옷을 만들 수 없고, 바

느질을 하지 않으면 옷을 만들 수 없다. 지금 사람들에게 누에를 치고 실을 뽑고 옷감을 짜고 바느질을 해서 옷을 만든다는 것을 자세히 말하지 않고 그저 실로 옷을 만든다고 하면, 이것은 자기가 경험하지도 알지도 못하는 것을 가지고 남을 속이는 말이다.

그러므로 공부를 하는 데도 단계가 있으니, 널리 배우고 자세히 묻고 깊이 생각하고 분명히 따지고 착실히 실천하기를 모두 단계에 따라 하되, 하나라도 소홀히 하지 말아야 하며 하나라도 건너뛰어서는 안 된다.

공부의 단계를 옷 만드는 과정에 비유했습니다. 누에를 치고 실을 뽑고 옷감을 짜고 바느질을 하는 과정을 하나라도 건너뛰면 옷을 만들 수 없듯 공부의 단계도 건너뛸 수 없다는 것입니다.

공부하는 학생은 광활한 지식의 바다 앞에서 때로 아찔해집니다. 조급한 마음에 이미 배운 것을 완전히 내 것으로 만들지 못한 채 새로운 것을 배우는 데만 급급해하기도 합니다. 그러나 속히 성취를 이루려 서둘면 오히려 이룰 수 없는 법입니다.

流水之爲物也, 不盈科不行.
유 수 지 위 물 야   불 영 과 불 행

흐르는 물은 웅덩이를 가득 채우지 않으면 흘러가지 않는다. 『맹자』

중국 한나라의 서예가 장지(張芝)는 글씨의 성인으로 일컬어지는 명필입니다. 젊은 시절 그는 연못가에서 글씨를 연습했는데, 어찌나 열심이었는지 연못이 온통 검어졌습니다. 또 왕희지(王羲之)의 존경을 받았던 삼국 시대 위(魏)나라의 서예가 종요(鍾繇)는 10년 동안 포독산(抱犢山)에서 글씨를 연습했는데, 산의 나무와 바위가 모두 새까맣게 변했습니다. 원나라의 서예가 조맹부(趙孟頫) 역시 10년 동안 집을 나오지 않고 글씨를 연습한 끝에 명필이 되었고, 같은 시대의 기노(夔夒)라는 서예가는 매일 아침 반드시 일천 자를 다 쓴 다음에야 밥을 먹었습니다. 이극성(李克誠)의 『형설기문(螢雪記聞)』이라는 책에 나오는 이야기입니다.

이처럼 명필은 길고 혹독한 연습을 거쳐 탄생하는 법입니다. 연습(練習)을 한자로 쓰면 익힐 련, 익힐 습입니다. 익힐 련은 실 사(糸) 변에 가릴 간(柬) 자를 합친 글자로, 희고 부드러운 실을 얻기 위해 오랫동안 삶는 과정을 말합니다. 한편 익힐 습은 깃털 우(羽) 자와 흰 백(白) 자로 이루어졌습니다. 아기 새가 하늘을 나는 법을 배우기 위해 날개를 퍼덕이는 모습을 형상한 글자입니다. 연습이라는 글자는 어떤 지식이나 기술을 완전히 내 것으로 만들기 위해서는 오랜 시간 반복 숙달을 거쳐야만 한다는 사실을 알려 줍니다.

조선 후기 평안도의 학자 성암(誠菴) 박문오(朴文五)가 말했습니다.

천하의 일은 연습보다 중요한 것이 없다. 연습하면 통달하지 못할 리가 없고 못할 일이 없다. 물에 빠지면 죽고 높은 곳에 올라가면 겁난다는 것은 누구나 아는 사실이다. 그런데 잠수부는 높은 파도 속을 드나들고 광대는 열 길 높이의 줄을 타면서도 마치 보통 사람이 육지를 다니고 큰길을 가듯이 한다. 이것은 타고난 재주가 아니라 연습 때문이다. 어찌 이들만 그러하겠는가.

잠수부가 거친 파도 속에 뛰어들어 오랫동안 나오지 않고, 광대가 높이 매달린 줄 위에서 자유자재로 재주를 부리는 것은 타고난 재능이 아닙니다. 모두 오랜 연습의 결과입니다. 재능보다 중요한 것은 연습입니다.

天下之事, 莫貴於習.
천 하 지 사   막 귀 어 습

천하의 일은 연습보다 중요한 것이 없다.『성암집』

042 매일 하루치의 공부

뜻밖의 행운으로 갑자기 인생이 바뀌는 사람이 있습니다. 그렇지만 이것은 내 힘으로 되는 일이 아닙니다. 행운을 얻어 갑자기 인생이 바뀌기를 기대한다면 인생의 주인이길 포기하는 것입니다.

불의의 사고로 갑자기 인생이 바뀌는 사람도 있습니다. 이것도 내 힘으로 막을 수 있는 일이 아닙니다. 사고 때문에 갑자기 바뀐 인생에 굴복한다면 이 역시 인생의 주인이길 포기하는 것입니다. 인생의 주인은 나의 노력으로 인생을 바꿀 수 있다는 믿음을 가진 사람입니다.

인생이란 뜻밖의 행운이나 불의의 사고로 바뀌는 것이 아닙니다. 내가 살아가는 하루하루에 의해 천천히 바뀌는 것입니다. 인생은 하루의 집합이기 때문입니다. 하루가 모여 한 해가 되고 한 해가 모여 인생이 됩니다. 하루하루를 어떻게 보내는가에 따라 인생이 바뀔 수 있습니다. 누구나 아는 사실이지만 하루의 가치를 알고 소중히 사용하는 사람은 드뭅니다.

『여씨동몽훈(呂氏童蒙訓)』이라는 책에 이런 말이 있습니다.

오늘 한 가지 일을 기억하고 내일 한 가지 일을 기억한다. 이렇게 오래 하면 자연히 꿰뚫는다. 오늘 한 가지 이치를 깨닫고 내일 한 가지 이치를 깨닫는다. 이렇게 오래 하면 자연히 통달한다. 오늘 한 가지 어려운 일을 행하고 내일 한 가지 어려운 일을 행한다. 이렇게 오래 하면 자연히 굳세진다. 사람이 매일 하루치 공부를 한다면 오랜 뒤에는 저절로 터득하게 된다.

하루의 공부가 모여서 남다른 지혜를 이루고, 하루의 연습이 쌓여 뛰어난 능력을 만듭니다. 인간의 일생도, 국가의 역사도 결국은 하루의 집합입니다. 인생을 바꾸는 것도, 역사를 바꾸는 것도 오늘 하루의 노력입니다.

每日能存一日工夫, 則久當自得之.
매 일 능 존 일 일 공 부   즉 구 당 자 득 지

매일 하루치 공부를 한다면 오랜 뒤에는 저절로 터득하게 된다. 『어씨동몽훈』

043 실착은 승리의 계기

중국 청나라의 왕유청(汪幼淸)은 국수(國手)라고 불릴 정도로 뛰어난 바둑의 고수였습니다. 그는 본디 성품이 거칠고 사나웠는데 바둑 시합이 시작되면 눈에서 빛이 나올 정도로 매섭게 상대를 노려보았습니다. 때로는 바둑을 두다가 흥분을 이기지 못해 쓰고 있던 모자를 던지거나 고함을 치기도 했습니다. 이처럼 다혈질이고 급한 성격 때문에 상대를 가볍게 보다가 간혹 실착을 두는 경우도 있었습니다. 하지만 실착을 하면 그제야 정신을 가다듬고 차분히 바둑에 집중한 끝에 기발한 묘수를 내어 극적인 역전승을 거두었습니다. 누군가가 이렇게 평했습니다.

왕유청과 바둑을 둘 때는 그가 실착하지 않는 것을 두려워할 게 아니라 실착하는 것을 두려워해야 한다. 그는 작은 실착을 하면 작은 승리를 거두고, 큰 실착을 하면 큰 승리를 거둔다.

청나라 문인 전겸익(錢謙益)의 「기보신국서(棋譜新局序)」라는 글에 나오는 내용입니다. 대결하는 상대방이 실수를 저지른다면 쾌재를 부를 일입니다. 하지만 왕유청과 바둑을 두는 사람들은 그의 실착을 두려워했습니다. 왕유청은 실착을 계기로 흥분을 가라앉히고 바둑의 고수답게 머리를 짜내 결국 승리를 쟁취했기 때문입니다.

바둑의 실착은 물러 달라고 할 수 있지만, 인생의 실착은 무를 수 없습니다. 승부가 갈리는 중대한 기로에서 판단을 잘못 내리면 만회하기가 어렵습니다. 이 때문에 돌이킬 수 없는 실수를 저지르면 바로잡을 엄두가 나지 않아 아예 포기하는 경우가 많습니다.

하지만 실착은 대응하기에 따라 판세를 바꾸고 새로운 기회를 잡는 계기가 될 수 있습니다. 잘못이 크면 클수록 전력을 다해 난국을 타개할 방법을 찾게 되기 때문입니다. 큰 실착은 큰 승리의 계기입니다.

小誤則小勝, 大誤則大勝.
소 오 즉 소 승   대 오 즉 대 승

작은 실착을 하면 작은 승리를 거두고, 큰 실착을 하면 큰 승리를 거둔다. 『유학집』

044 변해야 통한다

궁즉통(窮則通)이라는 말이 있습니다. 『주역』에 나오는 말인데, 원래 문장은 궁즉변(窮則變), 변즉통(變則通)입니다. 궁하면 변하고, 변하면 통한다. 다시 말해 궁지에 몰리면 변화를 도모해야 하고, 변화를 도모해야만 해결책을 찾을 수 있다는 말입니다.

조선 중기 학자 유계(兪棨)의 「강거문답(江居問答)」이라는 글에서 말했습니다.

궁하면 변하고 변하면 통하는 것이 하늘의 도이다. 폐단이 심각한 지경에 이르렀는데 변통할 줄 모르고 원칙만 고집하며 폐단이 없어지기를 기다린다면, 천하에 어찌 이런 도리가 있겠는가.

궁하면 통한다고 하지만, 하늘이 무너져도 솟아날 구멍이 있을 거라는 막연한 믿음만으로는 아무것도 해결되지 않습니다. 궁하면 변해야 하고, 변하면 비로소 통하는 것입니다. 문제가 생겼는데 원칙만 고집해서는 해결책이 나오지 않습니다. 정이는 궁지에 몰렸을 때 조금 변하면 조금 이롭고, 크게 변하면 크게 이롭다고 논했습니다.

일반적으로 사람들은 변화를 싫어하고 현재 상태에 안주하기를 원합니다. 하지만 궁지에 몰리고도 변화를 거부한다면 그 결과는 어떨까요. 조선 중기 학자 이기홍(李箕洪)의 『직재집(直齋集)』에 나오는 말입니다.

백성은 궁하면 변하고, 변하면 원망하고, 원망하면 거역하여 막을 수 없는 지경에 이른다. 그러면 죽이고 빼앗고 명령을 거스르는 것은 필연적인 형세이다.

변화를 두려워하는 사람은 곤경에 처해도 지금까지 해 오던 방식을 유지하며 저절로 해결되기를 바랍니다. 그러다 뜻대로 되지 않으면 누군가를 원망하고, 자포자기하여 해서는 안 될 일을 하게 된다는 것입니다.

깨어 있는 사람은 곤경에 빠지면 이대로는 안 되겠다는 생각에 변화를 도모합니다. 이런 사람에게 위기는 기회가 될 수도 있습니다. 오직 변화를 두려워하지 않는 사람만이 위기를 기회로 만들 수 있습니다.

窮則變, 變則通.
궁 즉 변   변 즉 통

궁하면 변하고 변하면 통한다.『주역』

045 하늘의 일과 사람의 일

정초가 되면 사람들은 『토정비결』을 보며 한 해의 운수를 점치곤 합니다. 지금은 인터넷으로 간단히 보기도 하는데, 원래 『토정비결』은 조선 중기의 학자 토정 이지함 선생이 지었다고 하는 책입니다. 생년월일과 태어난 시간만 알면 누구나 자신의 운수를 점칠 수 있어 널리 알려졌습니다.

토정은 화담 서경덕, 율곡 이이 같은 저명한 학자들과 동시기에 살았던 실존 인물입니다. 하지만 『토정비결』은 그가 지은 책이 아니라는 것이 학계의 정설입니다. 토정과 같은 시대에 살았던 사람들이 남긴 기록에는 『토정비결』이라는 책 이름이 보이지 않습니다. 『토정비결』이 세상에 출현한 시기는 대략 19세기 무렵으로, 토정이 살았던 시기와 300년 이상 차이가 납니다. 아마도 누군가가 토정을 사칭하여 이 책을 지어낸 것 같습니다.

토정과 가까운 사이였던 율곡 이이는 이런 기록을 남겼습니다. 토정이 젊은 시절, 바닷가에 부모님의 무덤을 만들었습니다. 그런데 시간이 지날수록 바닷물이 점차 깊이 들어와 수십 년 뒤에는 무덤이 물에 잠길 판이었습니다. 토정은 바닷물을 막으려고 부지런히 둑을 쌓았습니다. 사람들이 무모하다고 비웃자 토정이 말했습니다.

사람의 힘으로 할 수 있는 일은 내가 힘써야 하며, 일이 되고 안 되고는 하늘에 달려 있다. 힘이 부족하다고 훗날을 준비하지 않아서야 되겠는가.

율곡 이이의 『석담일기』에 나오는 내용입니다. 이처럼 토정은 인간의 노력으로 주어진 운명을 바꾸고자 했던 사람이었습니다. 그는 점술가가 아니라 합리적인 사고방식을 가진 유학자였습니다. 그랬던 그가 점치는 책을 만들어 사람들을 현혹했으리라고 생각되지는 않습니다.

오늘날 『토정비결』의 점괘를 심각하게 받아들이는 사람은 거의 없는 듯합니다. 새해를 기분 좋게 출발하려는 생각에 그저 재미로 볼 뿐입니다. 좋은 점괘가 나오거나 나쁜 점괘가 나오거나 우리는 우리가 할 수 있는 일을 해야 합니다. 그것이 바로 토정의 본뜻입니다.

人力之至不至, 我當勉之, 事之成不成, 在天焉.
인 력 지 지 부 지   아 당 면 지   사 지 성 불 성   재 천 언

사람의 힘으로 할 수 있는 일은 내가 힘써야 하며, 일이 되고 안 되고는 하늘에 달려 있다. 『석담일기』

046 봄은 이미 와 있었네

중국 송나라 사람 나대경(羅大經)의 『학림옥로(鶴林玉露)』라는 책에 이런 시가 실려 있습니다.

하루 종일 봄을 찾아도 봄이 보이지 않아
짚신 신고 산꼭대기 구름 속을 다 밟고 다녔네
돌아와 우연히 매화 가지 잡고 향기 맡으니
봄은 나뭇가지 끝에 이미 와 있었네

당나라 비구니 무진장(無盡藏)의 시입니다. 봄이 왔나 하고 하루 종일 온 산을 헤매고 다녔지만 봄이 온 흔적은 찾지 못했는데, 돌아와 매화나무 가지 끝에 핀 매화 향기를 맡고서 이미 봄이 무르익었다는 사실을 깨달았다는 내용입니다. 진리는 멀리 있는 것이 아니라 가까운 곳에 있다는 뜻이기도 합니다.

정조 임금은 이 시를 좋아했는데, 이 시보다 주희의 「백장산육영(百丈山六詠)」이라는 시에 담긴 뜻이 더 좋다고 하였습니다.

층층 바위가 깊은 골짜기 굽어보는데

작은 오솔길 홀연 중간에 끊어졌네

아무쪼록 노력하여 올라간다면

앞길에 멋진 광경 펼쳐지리라

길이 보이지 않아도 지금의 삶을 즐기며 최선을 다한다면 멋진 미래가 펼쳐질 것이라는 이야기입니다.

세월은 우리가 모르는 사이에 찾아오고 또 떠나가기 마련입니다. 가는 세월을 붙잡을 수는 없지만, 지금의 순간순간을 즐기는 사람만이 진정 살아 있음을 느낄 수 있습니다. 과거의 기억에 얽매여 현재의 소중함을 알지 못하거나 미래의 삶을 위해 현재의 삶을 저당 잡힌다면, 봄이 온 줄도 모르고 온 산을 헤매는 것이나 마찬가지입니다. 지금 이 순간의 삶을 즐기는 것이 바로 행복입니다.

春在地頭已十分.
춘 재 지 두 이 십 분

봄은 나뭇가지 끝에 이미 와 있었네.『학림옥로』

쉬지 못하는 까닭

조선 초기에 강희맹(姜希孟)이라는 저명한 문인이 있었습니다. 세조 임금의 총애를 받고 요직을 두루 역임한 그는 오랜 관직 생활에 지친 나머지 관직을 버리고 금양(衿陽)이라는 곳으로 내려와 살았습니다. 지금의 경기도 시흥입니다. 그는 이곳에서 마음껏 쉬는 기쁨을 만끽하며 쉰다는 것의 의미를 깨닫고 「만휴정기(萬休亭記)」라는 글을 지었습니다.

사람은 쉬지 못해서 고생하는데, 세상은 쉬지 않는 것을 좋아한다. 무엇 때문인가? 사람의 수명은 그리 길지 않아서 백 살까지 사는 사람은 만에 한둘도 없다. 설령 있다 해도 어려서 아무것도 모를 때와 늙어서 병든 때를 제외하면 건강하게 일할 수 있는 기간은 사오십 년에 불과하다. 거기서 또 영예와 치욕을 겪으며 부침하고, 이익과 손해를 기뻐하고 슬퍼하며 고생하느라 나의 참모습을 잃는 기간을 제외하면 느긋하게 즐거워하고 마음껏 쉴 수 있는 날은 수십 일에 불과하다. 더구나 백 년도 못 살면서 끝없는 근심 걱정을 겪어야 하지 않는가. 이것이야말로 세상 사람들이 우환에 시달리면서도 끝내 쉴 기약이 없는 까닭이다.

얼마 안 되는 녹봉을 탐내어 위험한 곳에 몸을 두는 것과 쉬는 것 중에 어느 것이 나은가? 굽신거리고 억지로 웃으며 세상에 잘 보이려 하는 것과 쉬는 것 중에 어느 것이 나은가? 허리를 굽힌 채 고생스럽게 일을 하고 노심초사하며 능력을 넘어서는 일을 하는 것과 쉬는 것 중에 어느 것이 나은가? 마음속으로 손익을 계산하고 억지로 마음을 다잡으며 늙어 죽은 다음에야 그만두는 것과 쉬는 것 중에 어느 것이 나은가? 인간 세상에서 가장 즐거운 일은 쉬는 것인데, 도리어 문제로 여기니 어리석은 생각이다.

사람은 쉬지 못해서 고생하는데, 세상은 쉬지 않는 것을 좋아한다고 하였습니다. 누구나 쉬기를 원하지만 그러지 못하는 이유는 세상이 쉬도록 내버려 두지 않기 때문입니다. 세상은 휴식의 가치를 모르고 휴식을 문제로 여깁니다.

인간 세상에서 가장 즐거운 일은 쉬는 것이라고 하였습니다. 그런데도 우리가 쉬는 즐거움을 누리지 못하는 이유는 어쩌면 바라는 것이 많아 세상이 시키는 대로 살아가기 때문일지도 모르겠습니다.

人病不休耳, 世以不休爲樂.
인 병 불 휴 이   세 이 불 휴 위 락

사람은 쉬지 못해서 고생하는데, 세상은 쉬지 않는 것을 좋아한다.『사숙재집』

048 나에게서 나온 것은 나에게로 돌아온다

옛사람들이 남에게 자기 자식을 가리킬 적에 자주 썼던 말 중 하나가 견자(犬子)입니다. 개 견에 아들 자, 강아지라는 뜻이지요. 상대방에게 자기 자식을 낮추어 부르는 상투적인 표현으로, 그 유래는 매우 오래되었습니다.

중국 한나라의 위대한 문장가 사마상여(司馬相如)의 어릴 적 이름은 견자였습니다. 『사기』 「사마상여열전」에 따르면 사마상여는 어릴 때 책 읽기를 좋아했고 칼 쓰기를 배웠는데, 이 때문에 아버지가 이런 이름을 붙여 주었다고 합니다.

책 읽기와 칼 쓰기가 나쁜 일도 아닌데 '이 때문에' 강아지라고 불렀다는 기록은 얼른 이해가 가지 않습니다. 훗날 학자들의 해석에 따르면 사랑했기 때문이라고 합니다. 그러니까 사마상여의 아버지는 어려서부터 책을 열심히 읽고 칼 쓰기를 연마하는 사마상여를 대견하게 여겨 우리 강아지라고 불렀던 것입니다. 이로부터 자식을 견자라고 부르는 풍습이 생겼다고 합니다. 견자라는 말은 이처럼 본디 나쁜 말이 아니었지만 후대에는 욕이 되었습니다.

남북조 시대 제나라 무제(武帝)의 신하 중에 황태자라는 사람이 있었습니다. 성이 황, 이름이 태자입니다. 기분이 나빠진 무제는 황태자라는 이름의 클 태(太) 자에서 점 하나를 밖으로 옮겨 개 견(犬) 자로 쓰도록 했습니다. 황태자라는 사람은 하루아침에 황견자가 되었습니다. 하점(何點)이라는 식견 있는 선비가 이 이야기를 듣고 말했습니다.

"태자에게는 온 천하와 천지인(天地人) 삼재가 달려 있다. 그런데 지금 태 자를 견 자로 바꾸었으니 무제의 태자는 즉위할 수 없을 것이다."

과연 이 말대로 무제의 맏아들 문혜태자는 일찍 죽고, 둘째와 셋째 아들은 폐출되었습니다. 남의 이름을 욕으로 고친 대가를 받은 것입니다.

주의하고 또 주의하라. 너에게서 나온 것은 너에게로 돌아온다.

『맹자』 「양혜왕 하」에 나오는 말입니다. 당사자가 없는 곳에서 함부로 욕설을 내뱉었다가 나중에 곤욕을 치르는 사람이 많습니다. 자신이 한 욕설은 결국 자기에게 돌아오는 법입니다.

出乎爾者, 反乎爾者.
출 호 이 자   반 호 이 자

너에게서 나온 것은 너에게로 돌아온다. 『맹자』

049 아주 작은 노력

티끌 모아 태산이라는 속담이 있습니다. 이 말은 원래 중국 당나라 시인 황산은(黃山隱)이 지은 「향죽음(向竹吟)」이라는 시의 첫 구입니다. "티끌이 쌓이면 태산이 되고, 한 움큼 물이 모여 동해를 이룬다." 작지만 꾸준한 노력이 놀라운 결과를 만들어 낼 수 있다는 뜻입니다.

매산 홍직필이 본격적으로 공부를 시작하고자 마음먹은 오치기(吳致箕)라는 제자에게 말했습니다.

산을 만드는 사람은 한 가마니 흙에서 시작하여 천 길 높이의 산을 만들고, 우물을 파는 사람은 세 치 구덩이에서 시작하여 백 길 깊이의 우물을 판다. 벼랑에서 떨어지는 물방울은 결국 바위를 뚫고, 새끼줄로 수레를 끌면 끝내 바퀴 축이 부러진다. 물방울은 바위를 뚫을 수 없고, 새끼줄은 나무를 자를 수 없다. 그런데도 바위를 뚫고 나무를 자르는 것은 점차 쌓여서 이루어진 것이다.

물방울은 바위를 뚫을 수 없고, 새끼줄은 나무를 자를 수 없습니다. 하지만 벼랑에서 떨어지는 물방울이 결국 바위를 뚫고, 수레를 끄는 새끼줄이 끝내 바퀴 축을 부러뜨리는 것은 멈추지 않는 꾸준함의 결과입니다.

낙숫물이 댓돌을 뚫고 티끌이 태산을 이룬다는 말을 누가 모를까마는, 목표는 태산같이 높고 멀리 있는 반면 나의 노력은 불면 날아갈 먼지처럼 초라하기 그지없어 보입니다. 열심히 해 봐야 무슨 소용 있겠나 하는 생각이 드는 것도 당연합니다. 그래서 많은 사람들이 막막함과 지루함을 견디지 못하고 중도에 포기하고 맙니다. 재능이 없다고, 운이 없다고 한탄하기도 하고, 더 쉽고 빠른 방법을 찾아 주위를 기웃거리기도 합니다. 하지만 목표에 도달하는 가장 쉽고 빠른 방법이 곧 작지만 꾸준한 노력입니다.

아주 작은 노력이라도 좋습니다. 멈추지만 않는다면 어느새 목표에 가까이 다가가 있는 자신을 발견하게 될 것입니다.

積塵爲太山, 掬水成東海.
적 진 위 태 산   국 수 성 동 해

티끌이 쌓이면 태산이 되고, 한 움큼 물이 모여 동해를 이룬다.『전당시』

3 | 타인과 함께 사는 삶

050 현명한 양보의 자세

옛날에는 토지의 경계가 분명하지 않아 싸움이 일어나는 경우가 많았습니다. 동물도 누군가 자기 영역을 침범하면 화를 내며 쫓아내려 하는데, 사람이라고 가만있을 리 없습니다. 결국 싸움이 일어나는 것은 당연한 수순입니다. 오죽했으면 토지의 경계를 정비하는 것이 어진 정치의 시작이라는 말까지 있을 정도입니다. 당나라 주인궤(朱仁軌)는 행여 자손들이 땅을 놓고 싸움에 휘말릴까 걱정해서 이렇게 당부했습니다.

> 죽을 때까지 길을 양보한들 백 보도 돌아가지 않으며, 죽을 때까지 밭두둑을 양보한들 한 뙈기도 잃지 않는다.

양보를 하면 손해를 보는 것 같지만, 따지고 보면 그 손해는 얼마 되지 않으니 양보하며 살라는 이야기입니다. 과연 그럴까요? 꼬일 대로 꼬인 인생에 마음까지 꼬인 조선 후기의 선비 무명자(無名子) 윤기(尹愭)는 그 말에 대해 이렇게 반론을 제기했습니다.

"죽을 때까지 밭두둑을 양보한들 한 뙈기도 잃지 않는다는 말은 옛날에나 가능하지 지금은 그렇지 않다. 옛날에는 내가 밭두둑을 양보하면 상대방도 양보하는 마음이 생겨서 남의 땅을 차지하려 하지 않았다.

그래서 죽을 때까지 한 뙈기도 잃지 않을 수 있었던 것이다. 하지만 지금 사람들은 염치를 버리고 이익을 다툰다. 내가 밭두둑을 양보하면 상대방은 기뻐하며 자기 땅으로 삼아 농사를 지을 것이고, 내년에도 그리할 것이다. 양보라는 것은 두 사람이 같이 해야 하는 것이다. 한 사람은 양보하는데 한 사람은 양보하지 않는다면 양보하는 사람이 손해이다."

경쟁이 치열하고 인심이 각박한 사회에서는 양보하면 손해라는 이야기입니다. 사실 우리도 그런 생각이 없지 않습니다. 그렇지만 이렇게 되면 싸움이 더욱 커질 뿐 아니라 더러워지게 됩니다. "양보가 사라지면 경쟁이 생기고, 경쟁이 생기면 비방도 생긴다." 진(晉)나라 유식(劉寔)의 「숭양론(崇讓論)」에 나오는 말입니다. 양보하지 않으면 경쟁은 피할 수 없고, 설령 내가 경쟁에서 이기더라도 상대방은 나의 사소한 잘못을 침소봉대해서 비방할 것이기 때문입니다.

작은 손해는 감수하고 큰 손해를 피하는 현명한 양보의 자세가 필요합니다.

終身讓路, 不枉百步.
종 신 양 로　 불 왕 백 보

죽을 때까지 길을 양보한들 백 보도 돌아가지 않는다. 『신당서』

051 공경하되 멀리한다

경원시(敬遠視)한다는 말이 있습니다. 공경하면서도 멀리한다는 뜻으로, 『논어』「옹야」편에서 나온 말입니다. 공자의 제자 번지(樊遲)가 지혜로움이란 무엇인지 물었습니다. 그러자 공자가 대답했습니다.

사람이 할 도리에 힘쓰고, 귀신은 공경하되 멀리하는 것이 지혜로움이다.

귀신을 공경하라는 말은 자연신과 조상신의 존재를 믿었던 옛사람에게는 당연한 것이지만, 공경한다면 믿고 따르며 어떻게든 가까이하려고 애써야 할 텐데 멀리하라니 이해가 되지 않습니다. 하지만 공자는 귀신의 존재를 부정하지 않으면서도, 귀신을 믿고 따르는 것에는 동의하지 않았습니다. 귀신이나 죽음처럼 알 수 없는 것에 힘쓰기보다는 귀신이 아니라 사람에게, 죽음이 아니라 삶에 힘써야 한다는 것이 공자의 믿음이었습니다. 결국 귀신을 존경하되 멀리하라는 말은 남의 믿음을 거스르지 않으면서도 나의 믿음을 지키는 지혜로운 태도라고 하겠습니다.

옳은 것과 지혜로운 것은 다릅니다. 잘못된 믿음을 가진 사람을 설득하고 깨우치는 것이 옳은 태도라면, 다른 사람의 믿음을 존중하면서도 그에 휘둘리지 않고 나의 믿음을 지키는 것은 지혜로운 태도입니다.

세상에는 나와 다른 생각을 가진 사람들이 존재합니다. 나와 다른 종교를 가진 사람, 또는 나와 다른 정치적 입장을 가진 사람이 있습니다. 내가 보기에는 그 사람들의 생각이 비합리적이지만, 그 사람들이 보기에는 내 생각이 비합리적입니다. 서로 다른 생각을 가진 사람들이 만나면 충돌을 피하기 어렵습니다. 합리적인 토론으로 합의에 도달하는 것이 민주적인 절차이지만 나와 다른 생각을 가진 사람을 설득하기란 쉬운 일이 아닙니다. 더구나 상대방이 나와 대화할 생각이 없거나 일방적인 명령 관계에 있다면, 상대방의 의견을 존중하면서 나의 주관을 지키는 것이 답입니다.

공경하되 멀리하라. 나와 생각이 다른 사람을 대하는 지혜로운 태도입니다.

敬而遠之.
경 이 원 지

공경하되 멀리하라. 『논어』

052 비방에 대처하는 법

살면서 뜻밖의 비방을 받는 경우가 있습니다. 사람들은 남을 칭찬하는 말에는 인색하지만 남을 비방하는 말을 하는 것은 좋아합니다. 내가 잘못을 저질러 구설수에 오르는 것이야 어쩔 수 없다지만, 내게 아무런 잘못이 없는데 비방받는 것만큼 억울한 일도 없습니다. 성인이라 추앙받는 이들도 비방을 피하지 못했으니, 보통 사람이야 말할 것도 없습니다.

비방을 피할 수 없다면 비방에 대처하는 방법을 알아야 합니다. 중국 삼국 시대 위(魏)나라 왕창(王昶)이 아들에게 당부한 말입니다.

누군가 나를 비방하거든 물러나서 자신을 반성해 보아라. 비방을 당할 만한 행동을 했다면 그의 말은 사실이다. 비방을 당할 만한 행동을 하지 않았다면 그의 말은 거짓이다. 옳다면 그를 원망할 이유가 없고, 거짓이라 해도 나를 해치는 것이 아니니 무엇하러 보복하겠는가.

그리고 비방을 듣고 화가 나서 비방한 사람에게 나쁜 말을 하면 보복이 더욱 심해지니, 차라리 묵묵히 자신을 갈고닦는 편이 낫다. 속담에 "추위를 막는 제일 좋은 방법은 두꺼운 옷을 입는 것이고, 비방을 그치게 하는 제일 좋은 방법은 자신을 갈고닦는 것"이라고 하였으니 이 말이 참으로 옳다. 시비를 따지는 사람과 흉측한 속셈을 가진 사람은 가까이하면 안 되거늘, 하물며 맞서 따진다면 피해가 클 것이다.

터무니없는 비방을 받았는데 더욱 힘써 자신을 갈고닦으라니, 납득이 가지 않을 수도 있습니다. 비방을 받으면 억울함을 참지 못하고 자신의 결백을 밝히려 하는 것이 인지상정입니다. 하지만 비방을 받고 있다고 떠드는 것은 때로 비방을 조장할 수도 있습니다. 해명은 한 번으로 족합니다. 비방과 해명을 반복하는 것은 결판이 나지 않는 진흙탕 싸움에 스스로 뛰어드는 격입니다. 하고 싶은 말이 많아 입이 근질근질하더라도, 더는 입에 올리지 말고 저절로 사라지게 하는 것이 비방에 대처하는 가장 좋은 길입니다.

"추위를 막는 제일 좋은 방법은 두꺼운 옷을 입는 것이고, 비방을 그치게 하는 제일 좋은 방법은 자신을 갈고닦는 것"입니다.

止謗莫如自修.
지 방 막 여 자 수

비방을 그치게 하는 제일 좋은 방법은 자신을 갈고닦는 것이다.『삼국지』

053 흔한 말에 향기 불어넣기

사회생활을 하다 보면 본의 아니게 거짓말을 하곤 합니다. 오랜만에 마주친 친구에게 "언제 밥 한번 먹자."라고 하고, 회사 일로 스트레스를 받을 때마다 "내가 회사 그만두고 만다."라고 입버릇처럼 말하지만 실천에 옮기는 경우는 거의 없습니다. 일찍 퇴근하고 싶으면 집에 일이 있다는 핑계를 대고, 늦잠을 자는 바람에 지각하면 차가 막혔다고 변명합니다. 바빠 죽겠다느니, 몸이 안 좋다느니 하는 말도 마찬가지입니다.

회사도 직장인에게 거짓말을 합니다. '초봉은 낮지만 능력에 따라 인상 가능', '가족적인 분위기', '스펙보다 인성', '자유로운 근무 환경' 따위의 말은 직장인들이 꼽은 회사의 흔한 거짓말입니다.

이렇게 진실과 진심을 찾아볼 수 없는 상투적인 말과 행동을 속태(俗態)라고 하는데요. 이 중에는 오래된 것도 많습니다. 삼연(三淵) 김창흡(金昌翕)이 말하는 조선 시대 사람들의 속태입니다.

"사람을 만나면 곧바로 '말씀 많이 들었습니다.'라고 한다.
어려운 사람을 도와주지도 않으면서 어떻게 먹고사냐고 묻는다.
병문안 가서 환자에게 무엇을 먹고 싶은지 묻는다.
상갓집에 가서 장례 비용을 어떻게 마련할 거냐고 묻는다.
청탁 편지를 보내면서 당신만 믿는다고 말한다.

친구에게 편지를 보내면서 '이건 비밀인데.'라는 말을 자주 쓴다.

조금만 불리하면 운이 없다고 한탄한다.

한번 찾아가 보겠다고 말해 놓고 실천하지 않는다.

돈이 없다거나 몸이 아프다고 한다."

지금도 어색하고 난감한 상황을 모면하기 위해 자주 쓰는 상투적인 말들이지요. 김창흡은 이렇게 지적했습니다.

사람이 말을 잘못하는 이유는 대개 경솔함 때문이다.

남들 하는 대로 생각 없이 말하는 것이 문제라는 것입니다. 진심이 담기지 않은 말과 진부한 표현으로는 상대를 감동시키지도, 자신의 존재를 부각할 수도 없습니다. 기왕 사회생활을 하면서 인사치레나 공치사를 피할 수 없다면, 듣는 사람의 기억에 남을 만한 색다른 표현 방법을 찾아보는 것이 어떨까요.

凡人發言, 多失之率易.
범 인 발 언   다 실 지 솔 이

사람이 말을 잘못하는 이유는 대개 경솔하기 때문이다. 『삼연집』

054 적과 소통해야 하는 까닭

"두 나라가 서로 싸우더라도 보내온 사신은 죽이지 않는다." 중국 4대 기서의 하나인 『수호전(水滸傳)』에 나오는 말입니다. 적국에서 온 사신을 죽이지 않았던 이유는 그것이 최소한의 예의이기 때문이기도 하지만, 서로 소통할 최후의 수단만은 남겨 두어야 한다는 인식을 공유했기 때문이기도 합니다.

예로부터 사신을 교환하는 목적은 두 가지였습니다. 첫째는 상대 국가와 우호를 다져 협력 관계를 유지하기 위해서이고, 둘째는 상대 국가의 동향을 파악하고 허실을 탐지하기 위해서입니다. 전쟁 중인 나라 사이에서조차 사신을 교환하는 일이 끊이지 않았던 이유는 한편으로 전쟁을 멈추고 관계를 개선할 가능성을 타진하기 위해서이고, 다른 한편으로는 적국의 사정을 자세히 알아내어 전쟁에서 승리하기 위해서였습니다. 지금도 적대 관계에 있는 나라들이 여러 채널을 이용해서 서로 소통하려는 시도를 멈추지 않는 모습을 볼 수 있는데요. 이 역시 이쪽의 의사를 전달하고 저쪽의 정보를 입수할 최소한의 창구를 열어 두기 위해서입니다.

임진왜란 당시 의병장 고상안(高尙顔)이 유성룡(柳成龍)에게 보낸 편지에 이런 말이 있습니다.

간첩을 써서 적진을 출입하게 하려면 사신의 왕래를 끊지 말아야 합니다.

　간첩을 보내 적진의 사정을 알아내기 위해서라도 적국과의 교류를 멈춰서는 안 된다고 하였습니다. 임진왜란이 끝난 지 10년도 안 되어 조선이 일본에 통신사를 파견한 이유 또한 일본의 동향을 파악하고 허실을 알아내기 위함이었습니다.

　상대가 싫다는 이유로 말을 걸지 않고 대답도 하지 않으면서 일체의 소통을 거부하면 결국 본인에게도 손해입니다. 오해를 풀고 관계를 개선하는 것도, 상대의 약점을 찾아 유리한 고지를 점하는 것도 모두 끊임없이 소통하려는 노력에 달려 있기 때문입니다.

如欲用間而出入賊陣, 則不絶信使.
여 욕 용 간 이 출 입 적 진　즉 부 절 신 사

간첩을 써서 적진을 출입하게 하려면 사신의 왕래를 끊지 말아야 한다.『태촌집』

055 경청의 기술

주희는 성리학을 집대성하여 중국 사상사에 한 획을 그은 인물입니다. 하지만 그에게도 단점이 있었습니다. 주희와 사상적 견해 차이로 역사적인 논쟁을 벌인 육구연(陸九淵)이라는 철학자는 주희에 대해 이렇게 평했습니다.

> 주희는 태산 같은 기상이 있는 사람이다. 다만 자기 견해를 옳다고 여겨 남의 말을 들으려 하지 않는 것이 아쉽다.

위대한 철학자로서 많은 사람들의 존경을 받았던 주희 같은 사람도 남의 말을 들으려 하지 않았다니, 남의 말을 잘 듣기란 참으로 어려운 일인가 봅니다.

사회적으로 성공한 사람일수록 남의 말을 듣지 않으려는 경향이 있습니다. 성공을 거두려면 확고한 신념과 흔들리지 않는 강한 추진력이 있어야 하는데, 이 때문에 자기 생각이 옳다는 믿음이 지나쳐 다른 사람의 생각이 옳을 수도 있다는 점을 돌아보지 못하는 것입니다. 옳다고 생각하는 것을 끝까지 밀고 나가는 의지는 꼭 필요하지만, 남의 말을 듣는 귀 또한 항상 열려 있어야 합니다.

남의 말을 들을 때는 듣기 좋고 싫고를 떠나서 옳고 그름을 가려들어야 합니다. 옳고 그름을 구별해서 듣는 데는 요령이 있습니다. 중국 은나라의 재상 이윤(伊尹)이 임금 태갑(太甲)에게 말했습니다.

말이 당신의 마음에 거슬리거든 옳은 말일 것이라 생각하고, 말이 당신의 뜻에 맞거든 틀린 말일 것이라 생각하십시오.

『서경』「태갑」편에 나오는 말입니다. 내 마음에 거슬리는 말은 거북하기 마련입니다. 하지만 그럴수록 그 말이 옳을 가능성이 높다고 생각하며 귀를 기울여야 합니다. 내 뜻에 맞는 말은 솔깃하기 쉽습니다. 하지만 그럴수록 그 말이 틀릴 가능성이 높다고 생각하며 신중히 판단해야 합니다. 사적인 감정이 개입되면 판단이 흐려집니다. 내 감정과 반대로 듣는 것이 남의 말을 잘 듣는 방법입니다.

有言逆于汝心, 必求諸道, 有言遜于汝志, 必求諸非道.
유 언 역 우 여 심　필 구 저 도　유 언 손 우 여 지　필 구 저 비 도
말이 당신의 마음에 거슬리거든 옳은 말일 것이라 생각하고, 말이 당신의 뜻에 맞거든 틀린 말일 것이라 생각하라.『서경』

056 한 사람의 잘못

구한말의 의병장 유인석은 을미사변과 단발령을 계기로 항일 무장 투쟁에 뛰어들었습니다. 그가 이끄는 의병 부대는 승승장구하며 충북 일대를 장악했지만, 곧 관군의 반격을 받고 세력이 약화되었습니다.

마침내 유인석은 의병을 해산하고 중국으로 망명하여 길림성(吉林省) 통화현(通化縣)이란 곳에 정착했습니다. 당시 그곳에는 많은 조선 사람들이 살고 있었는데, 그중에는 유인석과 마찬가지로 의병 활동을 벌이다 망명한 최문환(崔文煥)이라는 사람이 있었습니다. 그는 다시 의병을 모아 국내로 진격할 계획을 세웠습니다. 아직 때가 아니라고 생각한 유인석은 그를 만류하며 이렇게 말했습니다.

물고기 한 마리가 물을 더럽히면 나머지 물고기가 그 물에서 달아날 수 있겠는가.

『의암집』에 나오는 말입니다. 유인석은 최문환의 섣부른 행동이 일본의 탄압을 야기하여 다른 의병들을 위험에 빠뜨리는 결과를 초래할까 걱정했던 것입니다. 하지만 최문환은 오히려 유인석을 의심했고, 결국 유인석은 통화현을 떠나 한동안 떠돌이 신세로 지내야 했습니다. 그로부터 몇 개월 뒤, 최문환은 국내로 진격하기 위해 두만강을 건너다가 일본군의 첩자에게 살해당하고 말았습니다. 이로 인해 동북 지역의 항일 투쟁은 한동안 위축되는 결과를 면하지 못했습니다.

한 사람의 잘못 때문에 같은 집단에 속한 사람들이 피해를 입는 것을 두고 일어탁수(一魚濁水)라고 합니다. 한 마리 물고기가 물을 더럽힌다는 뜻입니다. 한 마리 물고기가 물을 흐리면 나머지 물고기들도 모두 더러운 물을 먹게 되는 것을 피할 수 없습니다. 한 사람의 잘못일 뿐이라고 치부하고 방관한다면, 나머지 사람들도 더러운 물을 뒤집어쓰는 결과를 피하기 어려울 것입니다.

一魚濁水, 衆魚能逃其水乎.
일 어 탁 수   중 어 능 도 기 수 호

물고기 한 마리가 물을 더럽히면 나머지 물고기가 그 물에서 달아날 수 있겠는가. 『의암집』

예의란 오고 가는 것

버스나 지하철에서는 노약자에게 자리를 양보하는 것이 예의 바른 행동입니다. 그런데 자리를 양보하지 않는다며 노인이 젊은이를 나무라고, 젊은이가 지지 않고 맞서는 바람에 다툼이 벌어져 주위 사람들의 눈살을 찌푸리게 하는 일이 있습니다. 잘못은 누구에게 있을까요?

'예상왕래(禮尙往來)'라는 말이 있습니다. 예의는 오고 가는 것이 중요하다는 뜻으로, 예(禮)에 관한 경전인 『예기』 「곡례」 편에 나오는 말입니다.

예의는 오고 가는 것이 중요하다. 가기만 하고 오지 않으면 예의가 아니요, 오기만 하고 가지 않으면 역시 예의가 아니다.

예의란 일방적인 것이 아니라 항상 오고 가는 것입니다. 가기만 하고 오지 않는 예의도 없고, 오기만 하고 가지 않는 예의도 없습니다. 그런데 많은 사람들은 나이가 적은 사람이 많은 사람에게, 지위가 낮은 사람이 높은 사람에게 갖추어야 하는 것이 예의라 생각하고는 합니다. 이것은 잘못된 생각입니다. 젊은이에게 젊은이로서 지켜야 할 예의가 있듯이, 노인에게는 노인으로서 지켜야 할 예의가 있는 것입니다. 한쪽만 지키는 예의는 존재하지 않습니다. 예의는 오고 가는 것이 중요하기 때문입니다.

예의가 없다며 남을 탓하는 사람을 종종 보게 됩니다. 하지만 예의가 없다고 나무라는 순간, 그 사람 역시 예의 없는 사람이 됩니다. 예의를 지키라고 강요하는 것도 예의 없는 행동이긴 마찬가지이기 때문입니다. 예의는 한쪽만 일방적으로 지키는 것도 아니고, 지키라고 요구하는 것도 아닙니다. 서로에 대한 존중과 배려에서 나오는 자발적인 행동입니다.

禮尙往來.
예 상 왕 래

예의는 오고 가는 것이 중요하다.『예기』

058 인사를 했는데 답이 없다면

사회생활을 할 때는 인사가 아주 중요하지요. 나의 존재를 드러내고 사람들과 원만한 관계를 유지하기 위해서는 인사가 꼭 필요합니다. 낯선 사람에게 먼저 다가가 인사를 하려면 어색하기도 하고 쑥스럽기도 하지만, 새로 만난 사람과의 거리를 좁히는 방법은 오직 인사뿐입니다. 연예인들도 텔레비전에 나와서 후배가 인사를 잘하니 못하니 하는 걸 보면 인사가 중요하긴 중요한가 봅니다.

그런데 간혹 인사를 해도 받지 않는 사람이 있습니다. 이런 경우는 두 가지밖에 없습니다. 고의가 아니거나, 고의적이거나입니다. 내가 누구인지 잊어버렸거나 내가 인사하는 모습을 제대로 보지 못했거나 인사할 기회를 놓쳐서 그랬다면 고의가 아닙니다. 이 경우는 문제 삼을 이유가 없습니다. 더구나 상대방은 분명히 인사를 했는데 내가 미처 보지 못했을 수도 있으니, 무턱대고 화를 내서는 곤란합니다. 하지만 고의적으로 인사를 받지 않았다면 분명히 이유가 있을 것입니다.

맹자가 말했습니다. "예인부답반기경.(禮人不答反其敬.)" 남에게 예를 갖추었는데 답이 없으면 자신의 공경을 반성하라는 말입니다. 『맹자』 「이루 상」 편에 나오는 말입니다.

인사를 받지 않는 이유는 여러 가지가 있을 수 있습니다. 나는 제대로 예의를 갖추어 인사했다고 생각하지만 상대방은 그렇게 생각하지 않을 수도 있습니다. 어쩌면 내가 평소 상대방에게 예의를 지키지 않아서 그런 것인지도 모릅니다.

상대방이 인사를 받지 않으면 왠지 자존심이 상하는 것 같지만, 그렇게 생각할 필요는 없습니다. 인사를 하지 않는 사람은 계속 좁은 인간관계 속에서 지내기를 선택한 사람입니다. 그런 사람은 그대로 내버려 두고, 나는 나의 인간관계를 넓히는 데 힘쓰면 되는 것입니다. 인사는 답을 받기 위해서 하는 것이 아니라 나를 돋보이게 하려고 하는 것입니다.

禮人不答反其敬.
예 인 부 답 반 기 경

남에게 예를 갖추었는데 답이 없거든 자신의 공경을 반성하라. 『맹자』

059 망하는 사람은 혼자 하기 좋아한다

공자의 제자 자공이 공자에게 위(衛)나라 사람 공문자(孔文子)가 존경받는 이유를 물었습니다. 공자가 대답했습니다.

부지런히 배우기를 좋아하며 아랫사람에게 묻기를 부끄러워하지 않는다.

『논어』「공야장」편에 나오는 말입니다. 여기서 아랫사람에게 묻기를 부끄러워하지 않는다는 말이 바로 불치하문(不恥下問)입니다. 아니 불, 부끄러울 치, 아래 하, 물을 문. 나보다 나이가 적거나 지위가 낮은 사람에게 모르는 것을 물어보면서도 부끄러워하지 않는 태도를 말합니다.

사람들은 모르는 것을 남에게 물어보기를 망설이는 경향이 있습니다. 상대방이 나이가 어리거나 지위가 낮으면 더욱 그렇습니다. 아마도 자신의 무지가 드러나는 것이 부끄러워서일 것입니다. 공자가 불치하문을 공문자의 미덕으로 손꼽은 것을 보면, 그때 역시 모르는 것이 있어도 남에게 묻기를 꺼려하는 사람들이 많았던 모양입니다. 하지만 모르면 묻는 것이 상책입니다. 부끄럽거나 얕보일까 봐 묻기를 망설이다가 더 큰 낭패를 볼 수 있습니다.

순자가 말했습니다.

천하에는 나라마다 뛰어난 선비가 있고 시대마다 어진 사람이 있다. 길을 잃는 사람은 길을 묻지 않고, 물에 빠져 죽는 사람은 얕은 곳을 묻지 않으며, 망하는 사람은 혼자 하기를 좋아한다.

『순자』「대략(大略)」편에 나오는 말입니다. 언제 어디에나 물어볼 만한 사람이 있는데도 혼자 해결하려고만 하면 실패한다고 하였습니다. 스스로 답을 찾으려는 노력도 필요하지만, 남에게 물어서 손해 볼 것은 없습니다. 기껏해야 핀잔을 듣거나 무시를 당할 뿐입니다. 묻지 않고 하다가 낭패를 보는 것에 비하면 아무것도 아닙니다.

내가 모르는 것을 누군가는 분명 알고 있습니다. 그리고 내가 아는 것도 누군가는 더 잘 알고 있습니다. 여러 사람의 의견을 경청하는 태도가 중요한 이유입니다.

亡人好獨.
망 인 호 독

망하는 사람은 혼자 하기를 좋아한다. 『순자』

060 정확한 판단보다 신속한 판단

천하를 통일한 한나라 고조(高祖)가 세상을 떠나자, 천하는 황후 여씨 (呂氏) 일족의 손에 들어가게 되었습니다. 한 고조의 아들 도혜왕(悼惠 王) 유비(劉肥)는 군사를 일으켜 여씨들을 제거할 계획을 세웠습니다. 하지만 미처 행동에 나서기도 전에 여씨 편에 붙은 자신의 신하 소평(召 平)에게 감금당하는 처지가 되고 말았습니다. 도혜왕은 꾀를 내어 소평 에게 사람을 보내 말했습니다.

"당신이 왕을 감금한 건 아주 잘한 일이오. 이제 왕은 내가 지키고 있을 테니, 당신은 빨리 이 사실을 조정에 알리도록 하시오."

소평이 그 말에 속아 자리를 비우자, 도혜왕은 잽싸게 빠져나와 군사 를 이끌고 소평을 뒤쫓았습니다. 도혜왕의 군사에게 포위된 소평은 그제 야 속은 걸 깨닫고 이렇게 말했습니다.

"결단해야 할 때 결단하지 않으면 도리어 화를 입는다더니, 바로 이걸 두고 한 말이구나."

소평은 마침내 자결하고 말았습니다. 『사기』 「제도혜왕세가(齊悼惠王 世家)」에 나오는 이야기입니다.

소평이 도혜왕을 감금해 놓고 조정의 처분을 기다리느라 머뭇거린 덕 택에 도혜왕은 꾀를 써서 위기를 벗어날 수 있었습니다. 만약 소평이 결단을 내려 도혜왕을 곧바로 죽였다면 이런 일은 벌어지지 않았을지 모릅니다. 결단해야 할 때 결단을 내리지 못해 도리어 화를 입은 것입니다.

판단은 신속하고 정확해야 합니다. 하지만 신속한 판단은 정확하지 않은 경우가 많고, 정확한 판단은 신속하지 않은 경우가 많습니다. 둘 중 하나를 선택해야 한다면 무엇을 선택해야 할까요. 리더십을 연구하는 학자들에 따르면, 리더에게 필요한 것은 정확한 판단보다는 신속한 판단이라고 합니다. 신속한 판단은 틀리더라도 바로잡을 기회가 있지만, 판단을 미루다가 기회를 놓치면 결과적으로 잘못된 판단을 내린 것이나 마찬가지이기 때문입니다.

신속한 판단을 내리고 그 판단에 책임지는 것이 리더의 자질입니다. 책임을 지지 않으려고 판단을 미루는 리더는 조직에 방해가 될 뿐입니다. 결단해야 할 때 결단하지 않으면 도리어 화를 입는 법입니다.

當斷不斷, 反受其亂.
당 단 부 단　반 수 기 란

결단해야 할 때 결단하지 않으면 도리어 화를 입는다.『사기』

061 부부가 싸우는 이유

부부 싸움을 하다가 다툼이 커진 나머지 배우자를 다치게 하거나 심지어 목숨을 잃게 만드는 사건이 종종 일어납니다. 부부 싸움 끝에 살인을 저지르는 일은 옛날에도 드물지 않았습니다. 정조 임금의 재판 기록인 『심리록』을 보면 이런 사건이 비일비재합니다. 정조는 계획적인 살인이나 살인을 은폐하려 한 경우는 결코 용서하지 않았지만, 고의가 아닌 경우는 사형만은 면제해 주었습니다. 특히 부부 싸움으로 인한 살인은 부부가 가까운 관계인 만큼 다투기 쉽다는 생각에서 관대하게 처리하는 경우가 많았습니다.

물론 어떠한 이유에서든 폭력은 정당화될 수 없고, 여전히 가정 폭력의 심각성을 깨닫지 못하는 우리 사회의 풍토는 문제가 있습니다. 다만 부부 관계라는 것이 워낙 미묘하기에 다른 사람은 알기 어려운 사정이 있기 마련입니다. 다음은 부부 싸움에 관한 정조의 생각을 추린 내용입니다.

부부의 정은 본래 지극히 친밀하다. 지극히 친밀하기 때문에 성내고 아쉬워하는 마음이 쉽게 생기기 마련이다.

부부란 까닭 없이 싸우는 경우가 많아 조금만 비위가 거슬리면 다투고 다툼이 지나치면 때리게 되는데, 더러는 저녁에 주먹질을 하고도 아침이면 화해하고, 더러는 갑자기 윽박지르다가도 금방 히히덕거리며, 성이 나면 불같이 화를 내다가도 기쁘면 마음이 물처럼 녹으므로 일률적으로 논할 수 없다.

부부의 의는 귀천이 다를 바 없어서 아무리 반목하더라도 배우자에 대한 정은 남아 있으니, 세속에서 이른바 부부 싸움은 칼로 물 베기라는 것이 정말 맞는 말이다.

부부간에 허물없이 지내다 보면 배우자를 무시하는 경우가 생기고, 배우자를 무시하면 싸움이 일어나기 마련입니다. 따라서 싸움을 피하려면 부부간이라도 서로 손님처럼 예의를 갖추어야 한다는 것이 옛사람들의 생각이었습니다. 손님까지는 아니더라도 기본적인 예의만 지킨다면 부부가 언성을 높이는 일은 피할 수 있을 것입니다.

夫婦之情, 本自至密, 至密之故, 溫憾易生.
부 부 지 정   본 자 지 밀   지 밀 지 고   온 감 이 생

부부의 정은 본래 지극히 친밀하기 때문에 성내고 아쉬워하는 마음이 쉽게 생긴다. 『심리록』

062 얽힌 실타래 앞에서

페르시아 정벌에 나선 알렉산더 대왕이 고르디우스에 있는 제우스 신전을 참배하게 되었습니다. 신전의 기둥에는 수레 한 대가 단단한 매듭으로 묶여 있었는데, 이 매듭을 푸는 사람은 아시아를 지배할 것이라는 예언이 전해지고 있었습니다. 매듭이 너무 복잡하게 얽혀 있어 아무도 풀지 못했지만, 알렉산더 대왕은 칼을 뽑아 단칼에 그 매듭을 잘라 버렸습니다. 과연 그는 예언대로 아시아의 지배자가 되었습니다.

고르디우스의 매듭은 복잡하게 얽힌 실타래처럼 쉽게 풀 수 없는 문제를 비유합니다. 알렉산더 대왕은 매듭을 잘라 냄으로써 문제를 해결했지만, 그가 세상을 떠난 뒤 알렉산더 제국은 잘라진 매듭처럼 뿔뿔이 흩어지고 말았습니다.

감정이 상하거나 이해관계 때문에 대립하는 상황을 두고 갈등을 빚는다고 하지요. 갈등(葛藤)은 한자로 칡 갈, 등나무 등입니다. 칡과 등은 모두 덩굴성 식물로, 내버려 두면 얽히고설켜 손을 쓸 수 없게 됩니다. 이처럼 풀기 어려운 갈등을 마주하면 고르디우스의 매듭을 끊어 버린 알렉산더 대왕처럼 잘라 내고 싶은 마음이 굴뚝 같지만, 그것은 근본적인 해결책이 될 수 없습니다.

조선 후기에 영의정을 지낸 정치가 김익(金熤)이 말했습니다.

천하 만사 가운데 근본을 버려두고 할 수 있는 일은 없다. 얽힌 실타래를 풀려고 하면서 중심을 다스리지 않으면 실을 풀 수가 없고, 장작불을 끄려고 하면서 장작을 제거하지 않으면 불을 끌 수가 없다.

김익의 『죽하집(竹下集)』에 나오는 말입니다. 얽힌 실타래를 풀려면 중심이 되는 가닥을 찾아내어 차근차근 풀어야지, 마구 잡아당기면 실타래는 더 복잡하게 얽히기 마련입니다. 요컨대 갈등을 해결하려면 근본적인 원인을 찾아야 한다는 것입니다.

갈등이 생겨도 술 한잔이면 쉽게 풀 수 있다는 생각은 잘못입니다. 겉으로 보기에는 대수롭지 않은 일 같아도 깊이 들어가 보면 큰 문제가 자리하고 있을 수도 있습니다. 화해를 한다 한들 근본적인 원인이 해결되지 않으면 갈등은 언제든지 다시 불거지기 마련입니다. 갈등을 쉽게 푸는 방법은 존재하지 않습니다. 설령 시간이 걸리더라도 원인을 찾아내서 차근차근 풀어 나가야 합니다.

理絲之棼而不理其統, 則絲不可理矣.
이 사 지 분 이 불 리 기 통   즉 사 불 가 리 의

얽힌 실타래를 풀려고 하면서 중심을 다스리지 않으면 실을 풀 수가 없다. 『죽하집』

063 내리사랑과 치사랑

"내리사랑은 있어도 치사랑은 없다."라는 속담이 있습니다. 윗사람이 아랫사람을 생각해 주기는 쉽지만, 아랫사람이 윗사람을 생각해 주기는 어렵다는 뜻입니다. 이 말은 17세기의 문인 유의건(柳宜健)의 「한거잡설(閒居雜說)」이라는 글에 처음 보이니, 유래가 오래된 말이라는 것을 알 수 있습니다. 유의건은 이 속담의 뜻에 대해 이렇게 말했습니다.

속담에 내리사랑은 있어도 치사랑은 없다고 하는데, 이 말이 참으로 옳다. 사람이 자식을 사랑하는 마음으로 부모를 사랑한다면 누군들 효자가 되지 않겠는가. 하지만 이 사실을 아는 사람은 드물다. 정작 자기가 늙고 나서 자식이 내 뜻대로 나를 섬기지 않는 것을 보고서야 비로소 지난날 부모님 섬길 적에 잘못이 많았다는 것을 깨닫게 되지만 그때는 후회해도 늦는다.

동물이 새끼를 사랑하는 것처럼 내리사랑은 본성입니다. 사람들은 누가 가르쳐 주지 않아도 제 자식이라면 끔찍하게 아낍니다. 반면 치사랑은 인간의 도덕관념에 의해 만들어진 사랑입니다. 항상 강조하지 않으면 잊어버리기 마련입니다. 자식 사랑이 일방적인 짝사랑이 되기 쉬운 이유가 여기에 있습니다.

순수한 사랑은 보답을 바라지 않습니다. 하지만 누군가를 사랑하면 그 사람에게 사랑받기를 바라는 것 또한 자연스러운 마음이니, 자식에게 베푼 사랑의 만 분의 일이나마 돌려받고 싶은 것이 부모의 마음입니다. 짝사랑이 아니라 서로 주고받는 사랑을 하고 싶다면 부모 자식 간의 관계를 우호적으로 유지해야 합니다.

우호적인 관계를 유지하기 위해 가장 중요한 것은 요구를 하지 않는 것입니다. 맹자는 이렇게 말했습니다.

> 부모가 자식에게 잘하라고 요구하면 사랑을 해친다. 잘하라고 요구하면 관계가 멀어지니, 관계가 멀어지면 이보다 큰 불행은 없다.

친구는 의리로 맺어진 관계이니 잘하라고 요구할 수 있지만, 부모는 사랑으로 맺어진 관계이니 억지로 요구하면 절대 안 된다는 것입니다. 아무리 자식을 위한 일이라도 부모가 요구하면 사랑을 키우는 것이 아니라 증오를 키우게 됩니다.

자식은 말로 가르치는 것이 아니라 행동으로 가르치는 것입니다.

父子之間不責善. 責善則離, 離則不祥莫大焉.
부 자 지 간 불 책 선   책 선 즉 리   이 즉 불 상 막 대 언

부모가 자식에게 잘하라고 요구하면 사랑을 해친다. 잘하라고 요구하면 관계가 멀어지니, 관계가 멀어지면 이보다 큰 불행은 없다.『맹자』

064 듣기 싫은 말을 들으면

누군가 얼토당토않은 이야기를 하거나 똑같은 이야기를 반복하면 듣고 있기가 참 힘들지요. 남의 말을 들어 주는 것은 결코 쉬운 일이 아닙니다. 원래 사람은 남의 말을 듣기보다는 자기가 말을 하고 싶은 것이 인지상정입니다. 텔레비전을 볼 때는 한마디도 안 하고 잘도 보는데 이상한 일입니다.

텔레비전 보는 만큼만 남의 말을 잘 듣는다면 분명 성공할 수 있을 텐데, 듣기 싫은 이야기는 듣고 있기 어려운 법입니다. 더구나 나의 잘못을 비판하는 말이라면 더욱 참고 듣기 어렵겠지요. 하지만 개인도 회사도 국가도 비판을 얼마나 잘 새겨듣느냐에 따라 흥망이 갈리는 법입니다.

조선 중기의 문장가 용주(龍洲) 조경(趙絅)이 말했습니다.

흥성하는 나라는 간언하는 사람에게 상을 주고, 쇠퇴하는 나라는 간언하는 사람을 싫어하며, 망하는 나라는 간언하는 사람을 죽인다.

흥성하는 나라의 군주는 비판하는 사람에게 상을 줍니다. 비판을 수용함으로써 잘못을 바로잡아 보다 나은 미래를 만들기 위한 노력입니다.

쇠퇴하는 나라의 군주는 비판을 싫어합니다. 변화를 거부하고 현실에 안주하려 하기 때문입니다. 망하는 나라의 군주는 비판하는 사람을 제거합니다. 비판이 없으면 부패와 타락을 막을 수 없으니, 결국 멸망으로 치닫게 됩니다.

한편 우리의 일상생활에서는 어떤가요. 부모님이 잔소리를 하거나 직장 상사가 질책을 하면 기분 좋을 사람이 없습니다. 남에게 나무라는 말을 들으면 누구나 수치를 느끼기 마련입니다. 그런데 비판을 듣기 싫은 마음은 좋은 신호일 수도 있습니다.

『춘추곡량전』에 "수치를 모르는 자는 부리지 않는다."라고 하였습니다. 수치를 아는 사람은 수치를 면하기 위해 힘쓸 것이므로 일을 시킬 만하다는 뜻입니다. 만일 잘못을 꼬집는 말을 듣고도 심드렁하다면 변화할 동기 또한 찾지 못할 것입니다. 비판이 듣기 싫다면, 귀를 막을 것이 아니라 비판이 없도록 처신해야 합니다.

興王賞諫, 衰世厭諫, 亡國殺諫.
흥 왕 상 간   쇠 세 염 간   망 국 살 간

흥성하는 나라는 간언하는 사람에게 상을 주고, 쇠퇴하는 나라는 간언하는 사람을 싫어하며, 망하는 나라는 간언하는 사람을 죽인다. 『용주유고』

065 이 사람도 누군가의 자식이니

중국 진(晉)나라의 도연명(陶淵明)은 중국을 대표하는 전원시인입니다. 그는 젊은 시절 하급 관직을 전전하다가 팽택(彭澤)이라는 고을의 원님이 되었습니다. 당시는 고을의 원님이 되면 온 가족을 데리고 부임하는 것이 관례였습니다. 그러나 도연명은 고을 사람들에게 폐를 끼치기 싫어 홀몸으로 부임했습니다. 대신 노비 한 사람을 집으로 보내며 아들에게 이런 편지를 썼습니다.

네가 아침저녁으로 집안 살림하기가 어려울 것이다. 지금 이렇게 노비 한 사람을 보내니 네가 나무하고 물 긷는 수고를 덜 수 있을 것이다. 그렇지만 이 사람도 누군가의 자식이니 잘 대해 주어라.

『남사(南史)』「도연명전(陶淵明傳)」에 나오는 이야기입니다. 엄격한 신분제 사회였던 당시는 노비를 사람 취급도 하지 않던 시절이었습니다. 그렇지만 도연명은 노비도 신분을 떠나 똑같은 사람이며, 누군가의 자식이라고 하였습니다. 이 사람도 누군가의 자식이다. 한자로 이 차, 또 역, 사람 인, 아들 자, '차역인자(此亦人子)'라고 합니다. 차역인자는 나보다 지위가 낮고 힘이 없는 사람을 대할 때 가져야 하는 마음가짐으로서 조선 시대 명문가의 가훈에도 자주 등장하는 말입니다.

우리가 만나는 모든 사람은 남자라면 누군가의 아들이고 남편이고 아버지이며, 여자라면 누군가의 딸이고 아내이고 어머니입니다. 나와 마찬가지로 주위 사람들과 관계를 맺고 살아가는 사회적 인간입니다. 사회적 인간은 사회적 기대에 따라 사회적 역할을 수행합니다. 쉽게 말해 모든 사람은 자녀에게, 배우자에게, 부모에게 받는 기대가 있고 자녀로서, 배우자로서, 부모로서 해야 하는 역할이 있습니다.

사람은 혼자가 아닙니다. 사람을 볼 때는 그 사람만 볼 것이 아니라 그 사람이 주위 사람들과 맺고 있는 관계까지 함께 보아야 합니다. 인간에 대한 존중은 모든 사람이 나와 똑같은 사회적 존재임을 이해할 때 비로소 가능한 것입니다.

此亦人子也, 可善遇之.
차 역 인 자 야   가 선 우 지

이 사람도 누군가의 자식이니 잘 대해 주어라.『남사』

066 지름길로는 가지 않는다

공자의 제자 자유(子游)가 무성(武城)이라는 고을의 원님이 되었습니다.
공자가 물었습니다.

"너는 그곳에서 인재를 얻었느냐?"

자유가 대답했습니다.

"담대멸명(澹臺滅明)이라는 사람이 있는데, 길을 다닐 때는 지름길로
다니지 않고 공무가 아니면 제 방에 온 적이 없습니다."

『논어』「옹야」 편에 나오는 이야기입니다. 주희가 지은 『논어집주』에서
는 이 부분을 이렇게 풀이했습니다.

빨리 갈 수 있는 지름길을 마다하고 굳이 큰길로만 다니는 사람이 있다면 필시
어리숙한 사람 취급을 받을 것이다. 하지만 그 사람은 작은 이익에 연연해하지
않고 반드시 정도(正道)에 따라 행동할 사람임이 분명하다.

윗사람을 자주 찾아가 잘 보일 생각을 하지 않는 사람이 있다면 분명 세상살
이에 서투르다는 평가를 받을 것이다. 하지만 그 사람은 남의 비위를 맞추기 위
해 자신을 굽히지 않는 소신 있는 사람이 분명하다. 자유는 담대멸명의 바로 그
런 점을 높이 평가했던 것이다.

그런데 현실은 이와 반대입니다. 아랫사람은 출세의 지름길을 찾아 윗사람의 손발 노릇을 하며 잘 보여야 합니다. 살아남기 위해서입니다. 윗사람은 공사를 구분하지 못하고 아랫사람을 자기 손발처럼 부리려고 합니다. 뿌리 깊은 관행이기 때문입니다. 결국 아랫사람은 끝없는 자괴감에 시달리고, 윗사람의 주위에는 아첨하는 사람만 남게 됩니다. 『논어집주』에 말했습니다.

담대멸명처럼 행동하면 구차하고 천대받는 수치가 없을 것이며, 자유처럼 사람을 쓴다면 속임수와 아첨에 현혹되지 않을 것이다.

수치를 모면하려면, 그리고 현혹되지 않으려면 원칙을 지키는 것 외에 다른 방도가 없습니다. "길을 다닐 때는 지름길로 다니지 않고, 공무가 아니면 윗사람의 방에 가지 않는다." 아랫사람은 실천하고 윗사람은 이해해야 하는 올바른 사회생활의 원칙입니다.

行不由徑, 非公事, 未嘗至於偃之室也.
행 불 유 경 비 공 사 미 상 지 어 언 지 실 야

길을 다닐 때는 지름길로 다니지 않고, 공무가 아니면 윗사람의 방에 가지 않는다. 『논어』

067 도둑의 말

구한말의 학자 수당(修堂) 이남규(李南珪)의 문집에 실린 「도설(盜說)」이
라는 글에 이런 이야기가 있습니다.

도둑 떼가 칼을 들고 사촌 동생 집에 쳐들어왔다. 그런데 아무리 뒤져도 돈이
나오지 않았다. 도둑이 물러가면서 사촌 동생에게 말했다.

"집이 왜 이렇게 크냐. 좀 줄여야겠다."

또 친척 동생 집에 술 취한 도둑이 들었는데, 도둑이 공갈을 치며 돈을 내놓
으라고 하였다. 하지만 돈이 나오지 않자 갑자기 베개를 베고 드러눕더니 이부
자리에 구토를 했는데 냄새가 고약해서 숨을 쉴 수 없을 정도였다. 날이 밝자 도
둑이 일어나서 사과했다.

"술에 취해서 결례를 저질렀으니 주인께 폐를 많이 끼쳤습니다. 주인께서는
부디 인심을 잃지 마십시오."

또 어떤 도둑은 사람들이 도박을 한다는 소문을 듣고는 "쓸데없는 짓이니 하
지 말아야지."라 했다고 한다.

도둑은 남을 선행으로 인도하는 사람이 아니며, 도둑은 남을 사랑하는 사람
이 아니다. 그런데 그들이 하는 말을 들어 보면 남을 사랑하고 선행으로 인도하
는 사람이라도 그보다 더할 수가 없다. 그러니 도둑의 말이라도 버리지 않고 가

려듣는다면 타산지석으로 삼을 수 있다.

사람과 그 사람이 하는 말은 별개입니다. 옳은 말을 한다고 꼭 좋은 사람이 아닌 것처럼, 나쁜 사람도 옳은 말을 할 때가 있습니다. 그러니 도둑의 말이라 해도 옳은 말은 가려들을 필요가 있다는 것입니다.

요즘 말하는 사람은 많은데, 들어 주는 사람이 없습니다. 옳은 말을 해도 이 핑계 저 핑계를 대며 들으려 하지 않습니다. 저 사람은 나이가 너무 적으니까 또는 너무 많으니까, 저 사람은 부자니까 또는 가난하니까, 저 사람은 보수니까 또는 진보니까, 저 사람은 예전에 거짓말을 했으니까, 나쁜 짓을 했으니까 들을 필요도 없다는 것입니다.

『논어』「위령공」 편에 말했습니다.

말을 잘한다고 해서 그 사람을 등용하지 말고, 나쁜 사람이라고 해서 그의 좋은 말을 버리지 마라.

옳은 말이라면 누구의 말이건 귀를 기울여 볼 만합니다.

擇其言而勿廢之, 亦可爲攻玉之石也.
택 기 언 이 물 폐 지   역 가 위 공 옥 지 석 야

말을 가려듣고 버리지 않는다면 타산지석으로 삼을 수 있다.『수당유집』

068 위아래로 통해야 한다

중국 역대 병법서 가운데 가장 우수한 것으로 손꼽히는 일곱 가지 책을 무경칠서(武經七書)라고 합니다. 첫째는 중국 역사상 최고의 군사 전략가로 꼽히는 제나라 손무(孫武)가 지은 『손자병법(孫子兵法)』, 둘째는 위(魏)나라의 명장 오기(吳起)가 지은 『오자병법(吳子兵法)』, 셋째는 제나라 장군 사마양저(司馬穰苴)가 지은 『사마법(司馬法)』, 넷째는 바늘 없는 낚시로 세월을 낚은 일화로 잘 알려진 강태공(姜太公)의 『육도(六韜)』, 다섯째는 한나라의 건국 공신 장량(張良)의 스승 황석공(黃石公)이 지은 『삼략(三略)』, 여섯째는 당 태종(唐太宗)과 장군 이정(李靖)의 문답으로 이루어진 『이위공문대(李衛公問對)』, 마지막으로 전국 시대 위(魏)나라 사람 울료(尉繚)가 지은 『울료자(尉繚子)』입니다.

이 가운데 울료라는 사람은 그리 잘 알려진 사람도 아니고 행적도 불분명합니다. 그렇지만 전쟁이 끊이지 않았던 전국 시대에 군사 전략가로 명성을 떨쳤으니, 군사를 부리는 데 밝았던 사람이었던 것만은 분명합니다. 울료는 본디 위나라 사람이었지만 진나라로 망명하여 진시황을 섬기며 마침내 천하 통일을 이룩했습니다. 그가 군사 전략의 요체를 모아 엮은 책이 바로 『울료자』입니다.

『울료자』에 따르면, 군사를 부리는 데 가장 중요한 것은 하달상통(下

達上通)입니다. 아래 하, 도달할 달, 윗 상, 통할 통. 윗사람의 명령은 가장 아래에 있는 사람에게까지 도달하고, 아랫사람의 의견은 가장 위에 있는 사람에게까지 통하는 것입니다.

전투에서 승리하기 위해서는 윗사람의 명령이 아랫사람에게 전달되는 것도 중요하지만, 아랫사람의 의견이 윗사람에게 전달되는 것 또한 중요합니다. 현장의 상황을 가장 잘 알고 있는 아랫사람의 의견이 위로 전달되어야 윗사람이 올바른 판단을 내릴 수 있기 때문입니다. 하달상통은 윗사람과 아랫사람의 의견이 서로 막힘없이 전달되는 소통의 중요성을 강조한 말입니다.

현대의 조직 생활에서도 하달만 있고 상통이 없다면 불통이 심해져 공동의 목표를 이루기 어려울 것입니다. 하달상통은 수평적이고 합리적인 조직 문화를 만드는 미덕입니다.

下達上通.
하 달 상 통

아래로 도달하고 위로 통한다. 『울료자』

069 사람을 알아보는 방법

우리 고전을 보면 영화에서처럼 관상을 보고 반역을 일으킬 사람을 알아냈다거나, 크게 될 사람을 미리 알아보았다거나 하는 흥미로운 이야기가 자주 나옵니다. 실존했던 역사적 인물이 등장하는 그럴듯한 이야기이지만 사실이라고 믿기는 어렵습니다. 입에서 입으로 전해지는 설화나 야담에 나오는 신빙성 없는 이야기이기 때문입니다.

예로부터 사람들은 예측하지 못한 사건이 터지거나 사건의 내막을 자세히 알 수 없으면 꿈이라든가 관상이라든가 사주나 명당 따위에 기대어 이해하려는 경향이 있습니다. 우리 고전에 실려 있는 관상 이야기역시 잘 알지 못하는 사실을 나름대로 이해해 보려는 욕구에서 나온 것입니다.

이런 이야기는 요즘도 떠돌고 있습니다. 유명한 관상가가 관상을 보고서 대통령에 당선될 사람을 알아맞혔다느니, 이름만 대면 알 만한 대기업 회장이 관상으로 사람을 뽑았다느니 하는 이야기입니다. 이런 이야기는 관상으로 이득을 보는 사람들이 지어낸 것으로 보입니다. 회사가능력이 아니라 관상을 보고 사람을 뽑았다면 그 회사는 망해도 일찌감치 망했을 것입니다.

성대중이 『청성잡기』에 담은 격언입니다.

사람의 관상을 보는 것보다 사람의 말을 듣는 것이 낫고, 사람의 말을 듣는 것보다 사람의 행동을 살펴보는 것이 낫고, 사람의 행동을 살펴보는 것보다 사람의 마음을 헤아려 보는 것이 낫다.

얼굴보다는 말을, 말보다는 행동을, 행동보다는 마음을 살펴보는 것이 그 사람을 제대로 알아보는 방법이라고 하였습니다.

지금 내 앞에 있는 사람이 어떤 사람인지 알고 싶다면 얼굴만 보지 말고 말을 들어 보아야 합니다. 그리고 말만 들을 것이 아니라 행동을 보아야 합니다. 또 행동만 보지 말고 그 사람의 마음을 헤아려 보아야 합니다. 그렇게 한다면 사람을 알기는 어렵지 않을 것입니다.

相人之面, 不如相人之言.
상 인 지 면   불 여 상 인 지 언

사람의 관상을 보는 것보다 사람의 말을 듣는 것이 낫다. 『청성잡기』

070 의심이 망상을 낳는다

옛날에 어떤 사람이 아끼던 도끼를 잃어버렸습니다. 그 사람은 이웃집 아이가 훔쳐 갔을 것이라고 의심했습니다. 일단 의심을 하고 보니 이웃집 아이의 걸음걸이도 도끼를 훔친 사람의 걸음걸이 같고, 이웃집 아이의 안색도 도끼를 훔친 사람의 안색 같고, 이웃집 아이가 하는 이야기도 도끼를 훔친 사람이 하는 이야기 같았습니다. 모든 행동이 도끼를 훔친 사람의 행동처럼 의심스러웠습니다.

그러던 어느 날 잃어버린 도끼를 우연히 발견하게 되었습니다. 그러고 나서 이웃집 아이를 다시 보니, 아이에게서는 도끼를 훔친 사람 같은 모습을 전혀 찾을 수 없었습니다. 도끼를 잃어버렸을 때나 다시 찾았을 때나 아이의 행동에는 변함이 없었습니다. 변한 것은 도끼를 잃어버린 사람의 마음뿐이었습니다. 『여씨춘추』「거우(去尤)」편에 나오는 이야기입니다.

의심암귀(疑心暗鬼)라는 성어가 있습니다. 의심할 의, 마음 심, 어두울 암, 귀신 귀. 의심하는 마음이 어두운 귀신을 낳는다는 말입니다. 귀신이라는 것은 원래 존재하지 않는데, 의심이 망상을 낳아 존재하지 않는 귀신을 존재하는 것으로 믿게 만든다는 뜻입니다. 송나라 여본중(呂本中)의 『사우잡지(師友雜志)』라는 책에 나오는 말입니다.

『설문해자』에 따르면 의심할 의(疑) 자는 숟가락을 거꾸로 잡은 어린 아이의 모습을 형상한 글자라고 합니다. 숟가락질조차 하지 못하는 어린아이는 아는 것이 없습니다. 모르면 의심이 생기기 마련입니다. 멀쩡한 사람을 도둑으로 만들고, 없는 귀신도 만들어 내는 의심의 원인은 결국 무지입니다.

사람 사이에서는 크고 작은 의심이 생기곤 합니다. 마음속에 의심을 품고 곱씹기만 하면 의심은 점점 커질 뿐입니다. 누군가가 의심스럽다면 진실을 알고자 하는 노력이 필요하며, 누군가에게 의심을 받는다면 진실을 알리려는 노력이 필요합니다. 무지를 해소하는 것만이 의심을 해소하는 길이기 때문입니다.

疑心生暗鬼.
의 심 생 암 귀

의심하는 마음이 어두운 귀신을 낳는다.『사우잡지』

071 갈등은 사소할 때 풀 것

'적선지가(積善之家) 필유여경(必有餘慶)'이라는 고사성어, 한 번쯤 들어 보셨을 것입니다. 선행을 쌓은 집안에는 반드시 남는 경사가 있다는 말인데요. 『주역』「문언전」에 나오는 말입니다.

『주역』에서는 선행을 쌓은 집안에는 훗날 반드시 경사가 생길 것이고, 악행을 쌓은 집안에는 훗날 반드시 재앙이 생길 것이라고 했습니다. 다시 말해 선행이나 악행이 쌓이면 언젠가는 그에 상응하는 대가가 따르니까 반드시 선행을 하고 악행을 하지 말라는 이야기인 것 같습니다. 그런데 '적선지가 필유여경'의 속뜻은 사실 그게 아닙니다. '적선지가 필유여경'에 숨은 의미를 알려면 그 뒤에 이어지는 내용을 보아야 합니다.

신하가 임금을 시해하고 자식이 아비를 죽이는 것은 하루아침에 생기는 일이 아니다. 점차 쌓여서 일어난 일이니, 일찌감치 해결하지 않았기 때문이다.

신하가 임금을 시해하고 자식이 아비를 죽이는 것은 결코 용서받을 수 없는 악행입니다. 그렇지만 이는 난데없이 우발적으로 저지르는 일이 아닙니다. 평소 마찰을 빚다 보니 좋지 않은 감정이 쌓이고, 이렇게 악감정이 오랫동안 쌓인 끝에 마침내 죽고 죽이는 지경에 이르는 것입니다.

결국 '적선지가 필유여경'은 사소한 마찰이 거대한 갈등과 깊은 원한으로 이어질 위험성을 경계한 말입니다.

『주역』「곤괘」에 "서리를 밟으면 단단한 얼음이 온다."라고 하였습니다. 서리가 내리는 가을이 왔다면 얼음이 어는 겨울이 머지않았다는 뜻입니다. 서리도 내리기 전에 얼음부터 어는 일은 없습니다. 모든 일은 순차적으로, 그리고 점진적으로 쌓여서 이루어집니다.

사소한 마찰이 큰 갈등으로 번지는 경우를 주변에서 종종 보게 됩니다. 평소 아무런 문제 없이 지내던 사람과 갑자기 관계가 틀어지는 것도 이 때문입니다. 상대방의 태도가 하루아침에 돌변한 이유는 필시 쌓이고 쌓인 불만이 폭발한 결과일 것입니다. 단단한 얼음처럼 굳기 전에 해결하는 것이 최선입니다.

履霜堅冰至.
이 상 견 빙 지

서리를 밟으면 단단한 얼음이 온다.『주역』

병마용이라고 들어 보셨지요. 중국 시안에 있는 진시황릉에서 발굴된, 흙으로 빚어 만든 병사와 말의 모형입니다. 지금까지 수천 개나 발굴되었는데, 진짜 사람이나 말과 똑같은 크기로 만들어졌으며 팔다리의 모양이나 얼굴 표정까지도 제각각입니다.

병마용은 진시황 이전부터 있었다고 합니다. 처음에는 풀을 묶어서 대충 사람 모양으로 만들어 썼습니다. 그러다가 갈수록 정교하게 만들어 진시황릉의 병마용처럼 진짜 사람과 흡사한 모습이 되었습니다. 심지어 사람처럼 움직일 수 있게 만든 것도 있습니다. 이렇게 공들여 만든 병마용을 죽은 사람을 위해 무덤에 집어넣었으니 쓸데없는 짓 같기도 합니다. 하지만 당시까지만 해도 살아 있는 사람을 순장하는 풍습이 남아 있었으므로, 생사람을 무덤에 넣느니 차라리 병마용을 무덤에 집어넣는 것이 낫습니다.

그런데 공자는 병마용을 무덤에 집어넣는 것도 반대했습니다. 심지어 사람의 모습과 흡사한 병마용을 처음 만든 사람은 후손이 끊어질 것이라고 저주하기까지 했습니다. 진짜 사람과 똑같이 생긴 병마용을 무덤에 넣는다면, 언젠가는 살아 있는 사람의 목숨도 경시하는 풍조가 만연할 것을 우려했기 때문입니다. 병마용이 인간의 존엄성을 위협할 소지가 있다고 보았던 것입니다.

현대인들이 다른 사람의 고통에 무감각해진 이유 중 하나는 대중매체를 통해 자극적인 장면에 너무 익숙해져 버렸기 때문입니다. 영화나 드라마에서 벌어지는 일이 실제가 아니라는 것을 모르는 사람은 없지만, 은연중에 현실로 받아들이면서 감정이 무뎌지게 됩니다. 이제 우리는 누군가가 고통받는 모습을 보아도 그다지 가슴 아파하지 않습니다.

세종 대왕의 여덟 번째 아들 영응 대군(永膺大君)이 어릴 적에 사람 모습이 새겨져 있는 양초를 보고 말했습니다.

"양초를 태우면 필시 사람에게 불이 붙을 것이니 차마 못 보겠습니다."

세종 대왕은 영응 대군을 기특하게 여겼습니다. 오늘날 누군가 이렇게 말한다면, 우리는 그 사람을 바보라고 하지 않을까요.

仲尼曰始作俑者, 其無後乎, 爲其象人而用之也.
중 니 왈 시 작 용 자   기 무 후 호   위 기 상 인 이 용 지 야

공자가 병마용을 처음 만든 사람은 그 후손이 끊어지리라고 한 까닭은 그것이 산 사람 모양을 했기 때문이다.『맹자』

073 말하지 않은 말을 듣는다

사람의 입은 하나고 귀는 둘이지요. 얼핏 생각하기에는 불공평합니다. 입이 귀보다 할 일이 많기 때문입니다. 귀는 듣기만 하면 되지만 입은 말도 해야 하고 먹기도 해야 합니다. 그런데도 조물주가 사람에게 입을 하나만 주고 귀를 둘이나 준 이유는 무엇일까요. 아마 내가 하고 싶은 말을 하기보다 남이 하는 말을 잘 들으라는 뜻이겠지요. 그래서인지 남의 말을 귀 기울여 듣는 경청은 리더가 갖추어야 할 가장 중요한 덕목 가운데 하나로 꼽힙니다. 말을 잘하는 것보다 중요한 것은 말을 잘 들어주는 것입니다.

그런데 말을 잘 듣는 것보다 더 중요한 것이 있습니다. 바로 입 밖으로 나오지 않는 말을 듣는 것입니다. 『장자』「서무귀(徐無鬼)」에 '불언지언(不言之言)'이라는 말이 있습니다. 아니 불, 말씀 언, 어조사 지, 말씀 언, 말하지 않는 말이라는 뜻입니다.

말을 하지 않으면 의견이 없다고 오해하기 쉽지만, 사실 언제나 그런 것은 아닙니다. 모든 사람에게는 나름대로의 생각이 있기 마련입니다. 하지만 그것을 말하는 사람은 일부에 불과합니다. 대부분의 사람들은 생각이 있어도 말하지 않고 침묵을 지킵니다.

생각이 있어도 말을 하지 않는 이유는 여러 가지입니다. 말하기가 무서워서일 수도 있고, 말해도 소용없다고 생각하기 때문일 수도 있고, 말로는 제대로 표현할 도리가 없기 때문일 수도 있습니다. 그래서 사람을 상대할 때는 상대방이 말로 표현하지 않는 것을 주의 깊게 살필 필요가 있습니다.

말하는 것이 전부가 아닙니다. 말과 생각은 서로 다르거나 심지어 반대일 수도 있습니다. 의사 표현의 방법은 말뿐이 아닙니다. 눈빛과 표정, 태도와 몸짓, 이 모든 것이 생각과 감정을 나타내는 말하지 않은 말입니다. 불언지언을 들을 수 있는 사람만이 상대방의 마음을 얻을 수 있습니다.

聞不言之言.
문 불 언 지 언

말하지 않은 말을 들어야 한다. 『장자』

074 하지 않는 것이 있는 사람

『논어』「자로」편에 나오는 말입니다.

중도를 지키는 사람을 찾지 못할 바에야 차라리 진취적인 사람이나 하지 않는
것이 있는 사람과 함께하겠다.

중도를 지키는 사람이 가장 좋지만, 그런 사람이 없다면 차선책은 진
취적인 사람이라는 것입니다. 진취적인 사람이란 높은 이상을 가졌지만
아직 실현하지 못한 사람을 말합니다. 높은 이상을 가진 사람은 순수한
사람입니다. 당장은 보잘것없는 처지에 불과하지만 초심을 잃지 않는다
면 언젠가 그 이상을 실현할 날이 올지도 모릅니다. 가능성이 있으므로
기대를 걸어 볼 만합니다.

중도를 지키는 사람도 없고, 진취적인 사람도 없다면 그다음은 하지
않는 것이 있는 사람입니다. 『맹자』「이루 하」에 나오는 말입니다.

하지 않는 것이 있은 다음에야 하는 것이 있다.

해야 할 일과 하지 말아야 할 일을 가릴 줄 아는 사람이라야 큰일을

한다는 것입니다. 설령 대단한 성취를 이루지는 못하더라도, 이것만큼은 하지 않겠다는 신념을 가진 사람은 주위 사람을 실망시키는 일은 없을 것입니다. 이처럼 무난하고 원만한 사람보다 이상이 있고 신념을 지키는 사람과 함께하겠다는 것이 공자의 생각이었습니다.

진취적인 사람이나 하지 않는 것이 있는 사람과 함께해야 한다는 말은 곧 세파에 찌들어 현실에 영합하는 사람이나 목적을 위해 수단 방법을 가리지 않는 사람을 멀리하라는 뜻입니다. 하지만 그런 사람들은 무난하고 원만하다며 선호되는 것이 현실입니다. 반면 높은 이상을 가진 사람을 두고 현실에 어둡고 동떨어졌다 여기고, 하지 않는 것이 있는 사람은 고지식하고 융통성 없다며 불편해합니다.

중도를 지키는 사람이 없다면 무난하고 원만한 사람보다 진취적인 사람이나 하지 않는 것이 있는 사람을 찾아야 합니다. 원대한 이상과 굳은 신념이 있는 사람이라면 우리의 미래를 함께 이야기해 볼 만합니다.

人有不爲也, 而後可以有爲.
인 유 불 위 야   이 후 가 이 유 위

하지 않는 것이 있은 다음에야 하는 것이 있다.『맹자』

불교에 애별리고(愛別離苦)라는 말이 있습니다. 사랑하는 사람과 헤어지는 고통이라는 뜻입니다. 살아서 헤어지든 죽어서 헤어지든 사랑하는 사람과의 이별은 누가 뭐래도 인간 세상의 가장 큰 고통입니다.

때로는 만나는 것도 고통입니다. 불교에 원증회고(怨憎會苦)라는 말 또한 있습니다. 원망하고 미워하는 사람과 만나는 고통이라는 말입니다. 미워하는 사람을 만나는 고통은 사랑하는 사람과 헤어지는 고통만큼이나 괴롭습니다. 만남과 헤어짐은 그 자체로 좋고 나쁜 것이 아니라 상대가 누구냐에 따라 기쁨이 되기도 하고 고통이 되기도 합니다.

구한말의 학자이자 의병장이었던 송사(松沙) 기우만(奇宇萬)이 말했습니다.

지금은 너무도 괴로우니 이대로 죽어서 보고 싶지 않은 것을 보지 않고, 듣고 싶지 않은 것을 듣지 않을 수 있다면 통쾌할 것이다.

국정의 문란과 외세의 침탈이 갈수록 심해지던 시기, 기우만은 세상살이에 염증을 느꼈습니다. 보고 싶지 않은 모습을 보아야 하고, 듣고 싶지 않은 말을 들어야 했기 때문입니다. 일찍 세상을 떠난 친구들이 부러울 지경이었습니다.

하지만 그는 단발령이 시행되는 모습을 보고 의병을 일으켜 저항했으며, 을사늑약이 체결되었다는 소식을 듣고 오적(五賊)의 처단을 요구하는 상소를 올렸습니다. 눈과 귀를 막는 대신, 보고 싶지 않고 듣고 싶지 않은 현실에 맞서 싸우기로 결정한 것입니다.

사람은 누구나 보고 싶은 것만 보려 하고 듣기 싫은 말은 듣지 않으려 합니다. 고통스럽기 때문입니다. 하지만 이는 가능하지도 않고 또 반드시 좋은 것도 아닙니다. 보기 싫은 것을 똑바로 보아야 세상의 부조리를 바꿀 수 있고, 듣기 싫은 말을 제대로 들어야 자신의 잘못을 고칠 수 있기 때문입니다.

사랑하는 사람과 헤어져야 그 사람의 소중함을 알 수 있고, 미워하는 사람을 만나야 그 사람과 화해할 수 있는 것처럼, 우리는 보기 싫은 것도 보아야 하고 듣기 싫은 말도 들어야 합니다.

見不欲見, 聞不欲聞.
견 불 욕 견   문 불 욕 문

보고 싶지 않은 것을 보고, 듣고 싶지 않은 것을 듣는다.『송사집』

일상을 지키는 정치

4

사람은 많지만 인재가 없다고들 합니다. 어려운 회사를 살릴 인재가 없다며 불평하고, 어지러운 사회를 바로잡을 인재가 없다고 한탄합니다. 지난 역사를 돌아보아도 어느 때는 인물이 유난히 많고 어느 때는 이렇다 할 인물이 없는 것 같습니다. 하지만 이것은 착각입니다. 어느 시대나 그 시대가 필요로 하는 사람이 존재하는 법입니다.

당 태종 이세민(李世民)이 재상 봉덕이(封德彝)에게 인재를 추천하라고 했습니다. 그런데 한참이 지나도록 봉덕이는 아무도 추천하지 않았습니다. 당 태종이 이유를 묻자 봉덕이가 변명했습니다.

"제가 추천하지 않으려는 게 아닙니다. 인재가 없는데 어떡합니까?"

그러자 당 태종은 이렇게 말했습니다.

"군자는 사람을 등용할 때 각자의 장점을 취하는 법이다. 어찌 다른 시대에서 인재를 빌려 올 수 있겠는가?"

송나라 역사가 사마광의 『자치통감(資治通鑑)』에 나오는 이야기입니다.

아무리 인재가 없다고 해도 타임머신을 타고 다른 시대로 가서 인재를 빌려 올 수는 없습니다. 인재가 없는 이유는 정말 없어서가 아니라 우리가 알아보지 못하기 때문입니다.

조선 중기의 학자 우계(牛溪) 성혼(成渾)도 선조 임금에게 올리는 글에서 이렇게 말했습니다.

인재는 다른 시대에서 빌려 올 수 없다고 하였습니다. 하늘이 한 시대의 사람을
낼 적에 한 시대의 일을 충분히 하도록 만들었습니다. 지금 시대에 아무리 인재
가 없다 해도 정성껏 찾는다면 이 넓은 나라에 어찌 한 시대의 인재가 없겠습니
까. 그중에 뛰어난 사람을 뽑아 쓰면 되는 것입니다.

인재가 없다고 말하는 이유는 어쩌면 기대가 너무 높기 때문일지도
모르겠습니다. 완벽한 사람은 없습니다. 무언가 남보다 나은 점이 있다
면 그 사람이 바로 우리가 찾는 인물입니다. 마땅한 사람이 없다고 외면
할 것이 아니라, 그중에 나은 사람이라도 찾아야 합니다. 인재는 다른 시
대에서 빌려 올 수 없습니다. 우리 시대의 문제를 해결할 사람은 우리와
함께 살고 있는 사람들입니다.

才不借於異代.
재 불 차 어 이 대

인재는 다른 시대에서 빌려 오지 않는다. 『우계집』

염치가 없다는 말이 있습니다. 염은 청렴을 지키는 태도, 치는 부끄러워
할 줄 아는 마음을 말합니다. 전국 시대 제나라의 재상 관중(管仲)이 말
했습니다.

> 예(禮), 의(義), 염(廉), 치(恥)는 나라를 지탱하는 네 개의 기둥이다.

조선 왕조가 500년 간 지탱할 수 있었던 것은 예, 의, 염, 치라는 나라
의 네 기둥이 튼튼했기 때문입니다. 조선 시대 공직자는 조금이라도 혐
의를 받는 일이 있으면 즉시 자신의 입장을 밝히고 일단 사직서를 제출
하는 것이 관례였습니다. 이것을 '피혐(避嫌)'이라고 합니다. 혐의를 피해
사직서를 제출하면 공직자의 기강을 담당하는 사헌부나 사간원에서 진
상을 조사하고, 그 결과에 따라 사직서를 수리할지 판단하여 국왕의 재
가를 받습니다. 혐의를 받는데도 물러나겠다는 뜻을 밝히지 않으면 염
치없다는 비난이 따릅니다. 염치없는 사람은 나라의 근본 질서를 어지럽
히는 사람으로 취급받았습니다.

아무 잘못도 없는데 혐의를 받는다는 이유만으로 물러나야 한다면
당연히 억울할 것입니다. 하지만 잘못이 있건 없건 혐의를 받는 사람이

공직에 있으면 그 사람만이 아니라 주위 사람들까지 비난을 받고, 나아가 국왕에게 정치적 부담이 됩니다. 그렇기 때문에 사실이건 아니건 일단 혐의를 피해 자리에서 물러나서 진상이 밝혀지기를 조용히 기다리는 것이 바로 조선 시대 공직자들이 염치를 지키는 방법이었습니다.

공직자는 이런저런 구설수에 휘말리기 쉽습니다. 권한이 클수록 혐의를 받는 일도 많기 마련입니다. 이는 공직자의 숙명입니다. 그런데 혐의가 있으면 일단 잡아떼고, 속속 증거가 드러나면 말을 바꾸며, 입으로는 자리에 연연하지 않는다면서도 끝까지 버팁니다. 결국 혐의가 사실로 드러나 여론이 거세지면 그제야 마지못해 물러납니다. 염치보다 자리가 중요하다는 생각 때문이겠지만, 염치없는 사람이라는 비난은 두고두고 따라다닙니다.

잘못은 누구나 저지를 수 있습니다. 사과하고 책임지면 되는 것입니다. 문제는 잘못을 인정하지 않고 물러나지 않으려는 염치없는 행동입니다. 여론은 염치를 지키는 사람에게 관대한 법입니다.

禮義廉恥, 國之四維.
예 의 염 치 국 지 사 유

예, 의, 염, 치는 나라를 지탱하는 네 개의 기둥이다.『관자』

잣대가 다른 이유

『예기』 「곡례」 편에 이런 말이 있습니다.

예의는 서인에게까지 내려가지 않고, 형벌은 대부에게까지 올라가지 않는다.

서인은 지금의 서민을 말하고, 대부는 고위 공직자를 비롯한 사회 지도층을 말합니다. 예의가 서민에게까지 내려가지 않는다는 말은, 서민은 예의를 지키지 않아도 된다는 뜻이 아닙니다. 당나라 학자 공영달(孔穎達)의 『예기정의(禮記正義)』에 따르면 서민은 가난하여 예의를 차릴 물건이 없고, 또 각자 생업에 바빠 예의를 차릴 겨를이 없다는 뜻입니다. 서민의 입장에서는 관혼상제와 같은 예식을 치를 때 체면을 차리느라 무리하기보다는 형편에 따라 적절히 치러야 한다는 의미로 볼 수 있습니다.

형벌이 대부에게까지 올라가지 않는다는 말 역시 높은 자리에 있는 사람은 법을 어기더라도 처벌을 받지 않는다는 뜻이 아닙니다. 여기에는 숨은 뜻이 있습니다.

고대 중국의 주나라에서는 대부가 법을 어기면 서민을 심판하는 보통 재판관이 아니라 전사씨(甸師氏)라고 하는 특별 재판관의 심판에 맡겨 처벌 수위를 결정했습니다. 특별 재판관에게 심판을 맡긴 이유는 첫째로 각종 청탁과 봐주기를 우려해서입니다. 둘째는 법의 빈틈을 교묘하게 이용하여 법망을 빠져나가는 것을 막기 위해서입니다. 높은 자리에 있는 사람들은 법을 잘 알고 이용하므로, 이들에게는 서민을 심판하는 잣대가 아니라 더욱 엄격하고 공정한 잣대를 적용해야 합니다. 이것이 바로 형벌은 대부에게까지 올라가지 않는다는 말의 진정한 의미입니다. 중국의 역대 왕조에서 범죄자의 신분 고하에 따라 심판의 주체가 달랐고, 조선 시대에 고위 공직자의 범죄는 의금부에서, 일반 서민의 범죄는 형조에서 관할한 이유도 여기에 있습니다.

고위 공직자가 법을 어기고도 처벌받지 않는 경우를 자주 보게 됩니다. 서민과 고위 공직자를 똑같은 잣대로 심판하는 것이 겉으로는 공평한 듯하지만, 따지고 보면 공정하기 어려운 것이 현실입니다. 고위 공직자에게 준법정신은 기본이며, 높은 도덕성까지 요구하는 이유가 바로 여기에 있습니다.

"형벌은 대부에게까지 올라가지 않는다." 이 말의 진정한 의미를 깊이 생각해 볼 때입니다.

禮不下庶人, 刑不上大夫.
예 불 하 서 인   형 불 상 대 부

예의는 서인에게까지 내려가지 않고, 형벌은 대부에게까지 올라가지 않는다. 『예기』

079 가장 하소연할 데 없는 사람

버려지는 아이가 갈수록 늘어나고 있다고 합니다. 유기 아동이 빠른 속도로 느는 데 비해 돌볼 손길은 턱없이 부족하다고 하니, 심각한 사회 문제가 아닐 수 없습니다. 유기 아동이 증가하는 가장 큰 이유는 경제적인 형편 때문일 것입니다. 먹고살기 힘들어 어쩔 수 없이 자식을 버리는 경우는 예로부터 드물지 않았는데, 버려진 아이들이 사회 구성원으로 자립할 때까지 돌보는 일은 다름 아닌 국가의 책임이었습니다.

1783년 정조는 흉년을 당하여 버려진 아이들을 구제하는 법령을 제정하고, 한문과 한글 두 가지 문자로 인쇄하여 전국에 배포했습니다. 이것이 『자휼전칙(字恤典則)』입니다. 기르고 돌보는 법령이라는 뜻의 자휼전칙은 버려진 아이들을 위한 조선 시대의 긴급 복지 지원 정책이었습니다. 지금의 아동 보호 정책과 비교하면 부족한 점이 많지만, 한 명의 어린아이라도 살리겠다는 의지를 엿볼 수 있습니다.

열 살 미만으로 떠돌아다니며 구걸하는 아이는 흉년에 한해 진휼청에서 숙식을 제공하며, 세 살 미만의 버려진 아이는 시기에 관계없이 유모를 정해서 젖을 먹이고 유모에게는 쌀과 간장, 미역을 지급했습니다. 병에 걸린 아이는 혜민서에서 치료하고, 매달 아이들의 상태를 점검해서 정책의 지속성을 담보했습니다. 정조는 특히 영아 유기에 대해 각별히 유념하여 이렇게 당부했습니다.

포대기에 싸인 어린아이를 길가에 버리는 이유는 특별한 사정이 있거나 어쩔 수 없어 그런 것이다. 정을 끊은 부모가 차마 못할 짓을 하기야 했지만 아무것도 모르는 어린아이는 무슨 죄가 있겠는가. 측은히 여기는 마음으로 구해서 살리는 일이 시급하니, 비단 관가에서 찾는 데 그쳐서는 안 된다. 지나가는 사람이라도 만약 목도하는 일이 있거든 즉시 이장에게 맡겨 우선 진휼청에 보내라.

정조는 버려진 아이의 부모를 탓하기보다는 그 아이를 돌보는 것이 국가의 책임이라는 사실을 강조했습니다. 그리고 길 가는 사람이라도 발견하는 즉시 신고하라고 하여 사회 구성원들의 관심을 촉구했습니다. 복지는 국가의 의무이며, 국가가 그 의무를 제대로 수행하는지 지켜보는 것은 우리의 의무입니다.

最無告, 最可矜者, 童稚也.
최 무 고   최 가 긍 자   동 치 야

가장 하소연할 데 없고 가장 불쌍한 자는 어린아이이다. 『자휼전칙』

080 재해는 사람이 불러서 생긴다

멀쩡하던 도로 한가운데가 갑자기 무너지는 지반 침하 사고가 간혹 일어납니다. 주로 봄철에 날씨가 풀리면서 얼었던 땅이 녹아 약해지는 바람에 일어나는 사고라고 합니다. 조선왕조실록에도 땅이 꺼졌다는 기록이 종종 보이는데요. 얕게는 60센티미터, 깊게는 20미터가 넘게 땅이 꺼지는 사고가 일어나 사람들을 놀라게 했다고 합니다.

미수(眉叟) 허목(許穆)의 『기언(記言)』이라는 책에는 1638년 봄 충북 단양에서 일어난 지반 침하에 대한 기록이 자세합니다.

처음에는 우레가 치는 것처럼 우르릉거리는 소리가 땅속에서 나더니, 얼마 후 땅이 푹 꺼졌다. 들여다보니 크기는 커다란 움집만 하고, 속에서 물이 솟아나고 있었다. 깊이를 재어 보니 지상에서 수면까지가 다섯 길이고 물속은 한없이 깊었다. 땅을 보니 흙과 돌이 섞여 있는데 흰빛을 띤 누런색이었다.

지상에서 수면까지 깊이가 다섯 길이면 10미터 이상이라는 말입니다. 게다가 물속의 깊이는 알 수 없다고 하였으니, 얼마나 깊었는지 짐작이 가지 않습니다. 옛사람들도 땅이 꺼지는 현상이 대개 날씨 탓이라는 사실을 잘 알고 있었습니다. 겨울철에 가급적 토목 공사를 벌이지 않았던 것도 이 때문입니다.

그런데도 과거에는 지반 침하나 지진은 물론 적조 현상, 돌연변이, 그리고 가뭄과 홍수 같은 천재지변이 일어나면 하늘이 내린 경계라고 호들갑을 떨었습니다. 재해는 사람이 불러서 생기고 변괴는 그냥 일어나는 법이 없다는 믿음 때문이었습니다. 그래서 천재지변이 일어나면 군주는 신하들에게 발언할 기회를 주고, 어떠한 말을 하더라도 죄를 묻지 않았습니다. 신하들은 이 기회를 이용하여 군주의 잘못을 거침없이 지적했습니다.

인간의 행동이 천재지변을 초래한다는 믿음은 미신에 가까운 것 같지만, 무분별한 지하수 개발이나 지하층의 난개발 역시 지반 침하의 원인이라고 하니 그저 미신으로 치부하고 말 것은 아닙니다. 자연 현상인 줄 알면서도 천재지변을 반성의 기회로 삼았던 옛날과 달리, 오늘날에는 인간이 천재지변을 초래한 사실을 뻔히 알면서도 무신경합니다. 재해는 사람이 불러서 생기고 변괴는 그냥 일어나는 법이 없다는 진리를 잊지 않는 것만이 천재지변의 피해를 줄이는 길입니다.

災必有召, 變不虛生.
재 필 유 소   변 불 허 생

재해는 사람이 불러서 생기고 변괴는 그냥 일어나는 법이 없다. 『인조실록』

081 위를 덜어 아래에 보탠다

『주역』에는 손해를 상징하는 손괘(損卦)와 이익을 상징하는 익괘(益卦)가 있습니다. 서로 상반된 의미를 지니는 괘이지요. 먼저 손괘는 산 아래에 연못이 있는 형상입니다. 연못 바닥을 파서 건져 낸 흙을 산 위에 쌓으면 연못은 더욱 깊어지고 산은 더욱 높아집니다. 이처럼 손괘는 아랫사람의 것을 거두어 윗사람에게 보태 주는 것을 의미합니다.

한편 익괘는 바람 아래 우레가 있는 형상입니다. 바람이 거세면 우레가 치고, 우레가 치면 바람이 세게 부는 법이니 서로 도와서 유익하다는 뜻입니다. 서로 도와 유익하게 하는 방법은 손상익하(損上益下), 즉 위를 덜어서 아래에 보태 주는 것입니다. 아래를 덜어 위에 보태 주는 손괘와는 반대입니다. 익괘에는 다음과 같은 풀이가 있습니다.

위를 덜어 내어 아래에 보태 주면 백성들이 끝없이 기뻐한다.

이는 곧 세금을 가볍게 하고 국가의 이익을 백성에게 나누어 주는 것이 민심을 얻는 방법이라는 뜻입니다.

위를 덜어 아래에 보태느냐, 아래를 덜어 위에 보태느냐는 어느 쪽이 좋다 나쁘다 말하기 어렵습니다. 덜고 보태는 것은 경우에 따라 적절히 해야 하기 때문입니다. 백성들에게 세금을 거두어 나랏일에 쓰기도 하고, 반대로 나라의 돈을 풀어 백성들에게 나누어 주기도 합니다. 이처럼 돈의 움직임을 유심히 관찰해서 한쪽으로 지나치게 쏠리지 않도록 하고, 만약 한쪽으로 쏠리면 많은 쪽에서 조금 덜어 모자란 쪽에 보태는 것이 국가 운영을 책임진 사람이 할 일입니다.

요즘 정치의 최대 화두는 복지입니다. 누군들 복지를 마다하겠습니까마는 문제는 돈입니다. 지금의 복지 정책은 위를 덜어 아래에 보태는 것이 아니라 중간을 덜어 아래에 보태는 격입니다. 이렇게 되면 아무리 더해 주더라도 아래에 있는 사람은 줄어들지 않을 것입니다. 어려운 때일수록 위를 덜어 내 아래에 보태 주어야 윗사람과 아랫사람 모두에게 유익하다는 것이 『주역』 익괘가 의미하는 바입니다.

損上益下, 民說無疆.
손 상 익 하　　민 열 무 강

위를 덜어 내어 아래에 보태 주면 백성들이 끝없이 기뻐한다. 『주역』

082 정치는 일상을 다스리는 것

정치가 잘되고 있으면 정치를 논하는 사람이 드물지만, 잘못되고 있으면 너도나도 정치 이야기를 하기 마련입니다.

중국 고대의 성군 요임금 시절의 백성들은 「격양가(擊壤歌)」라는 노래를 불렀습니다. 배고프면 농사지어 먹고 목마르면 우물 파서 마시는데 임금이 나와 무슨 상관이 있느냐는 내용입니다. 평화로운 일상 덕택에 백성들은 위정자의 존재마저 잊어버린 채 각자의 생업에 충실했습니다. 반면 폭군 걸임금의 시대에는 백성들이 그를 원망하며 너 죽고 나 죽자는 노래를 불렀습니다. 폭정으로 일상마저 위협받게 되어 위정자를 비난했던 것입니다.

『한비자』「충효(忠孝)」에 이런 말이 있습니다.

정치는 일상을 다스리는 것이고, 도(道)는 일상을 인도하는 것이다.

정치라든가 도라든가 하는 것은 평범한 사람들의 평범한 일상과 별 상관이 없다고 생각하기 쉽습니다. 하지만 그렇지 않습니다. 한비자의 말처럼 정치는 우리의 일상을 결정합니다. 그리고 정치의 도, 즉 정치 이념과 정책 기조는 우리의 일상이 앞으로 나아갈 방향을 결정합니다.

많은 사람들이 평범하고 평화로운 일상에 나름대로 만족하며 살아가고 있습니다. 그러나 그 평범하고 평화로운 일상을 만들고 지키는 것이 정치라는 사실을 잊어버리고는 합니다. 당나라의 문장가 한유(韓愈)는 「쟁신론(爭臣論)」이라는 글에서 남쪽의 월나라 사람은 북쪽의 진나라 사람이 살찌든 수척해지든 전혀 기뻐하거나 슬퍼하지 않는다고 하였습니다. 중국 동남쪽 끝에 있던 월나라와 서북쪽 끝에 있던 진나라는 서로 멀리 떨어져 아무런 관계가 없습니다. 그러니 월나라 사람 입장에서는 진나라 사람이 잘 먹어 살이 찌든 못 먹어 수척해지든 상관하지 않는다는 말로 정치에 대한 무관심을 비유했습니다. 정치가 잘못되면 고통받는 사람이 생기기 마련입니다. 정치에 관심 없다는 것은 고통받는 사람을 외면하는 것입니다. 내 일이 아니라고 해서 고통받는 사람들을 외면한다면, 내가 고통받을 때에도 사람들은 나를 외면할 것입니다.

정치는 나와 상관없는 일이 결코 아닙니다. 정치란 우리의 일상을 다스리는 것이기 때문입니다.

治也者, 治常者也, 道也者, 道常者也.
치 야 자　치 상 자 야　　도 야 자　　도 상 자 야

정치는 일상을 다스리는 것이고, 도는 일상을 인도하는 것이다.『한비자』

083 천하에 가장 귀중한 존재

아무 연고도 없는 사람들이 인터넷을 통해 만나 동반 자살을 시도했다거나 살기가 어려운 나머지 온 가족이 함께 목숨을 끊었다는 끔찍한 뉴스를 종종 듣게 됩니다. 젊은 사람들의 나약함을 탓하거나 아무것도 모르는 어린아이까지 죽음으로 몰아넣은 부모를 비난하기도 하지만, 다시는 이런 일이 반복되지 않도록 대책을 마련하는 것이 더 중요합니다.

19세기 초 서울 서소문 밖에 홍 생원이라는 홀아비가 어린 두 딸과 함께 살고 있었습니다. 가난하여 먹을 것이 없었으므로 항상 관청에 납품하는 메주를 만드는 곳에 가서 밥을 빌어 두 딸을 먹여 살렸습니다. 하루는 일꾼 하나가 매일처럼 찾아오는 홍 생원에게 심한 모욕을 주었습니다. 그는 눈물을 흘리며 집으로 돌아와 대엿새 동안 나오지 않았습니다. 다른 일꾼이 찾아가 보니, 홍 생원과 두 딸은 정신을 차리지 못하고 힘없이 자리에 누워 있었습니다. 이를 불쌍히 여긴 일꾼은 죽을 쑤어 놓고 돌아갔습니다. 그러자 홍 생원이 열세 살 난 큰딸에게 말했습니다.

"애야, 이 죽을 먹고 싶으냐? 우리 세 사람이 간신히 굶주림을 참고 엿새를 지냈다. 이제 죽음이 가까이 왔다. 그간의 노력이 아깝지 않으냐. 지금 이 죽을 먹고서 저 사람이 계속 갖다 주면 좋겠지만 그렇지 않다면 훗날의 치욕을 어찌 견디겠느냐."

홍 생원이 말하는 동안 다섯 살 먹은 작은딸이 죽 냄새를 맡고서 일어나려고 머리를 들었습니다. 큰딸은 동생을 다시 눕히며 자장자장 하고 달래서 재웠습니다. 이튿날 일꾼들이 다시 가 보았을 때에는 모두 죽은 뒤였습니다. 치욕스럽게 살기보다는 차라리 죽음을 선택하는 인간의 모습을 보여 주는 비극적인 이야기로, 장한종(張漢宗)의 『어수신화(禦睡新話)』에 실려 있습니다.

조선 시대 서당의 교과서 『동몽선습』의 첫 문장은 이렇게 시작됩니다.

천지 사이에 있는 온갖 만물 가운데 오직 사람이 가장 귀중하다.

겨우 글을 읽기 시작한 아이들에게 가장 먼저 가르친 것은 바로 이 세상에서 사람이 가장 귀중한 존재라는 사실이었습니다. 인간의 존엄성을 인식하는 것을 교육의 출발점으로 삼았던 것입니다.

자살은 죄악이라는 협박, 그리고 한때의 어려움을 잠시 넘기는 고식적인 대책으로는 결코 자살을 막을 수 없습니다. 사람이 자살을 선택하는 이유는 존엄성을 침해받고 견딜 수 없는 상처를 입었기 때문입니다. 인간의 가치와 삶의 의미를 무엇보다 우선시하는 사회를 만드는 것이야말로 근본적인 대책입니다.

天地之間, 萬物之衆, 唯人最貴.
천 지 지 간   만 물 지 중   유 인 최 귀

천지 사이에 있는 온갖 만물 가운데 오직 사람이 가장 귀중하다. 『동몽선습』

한 나그네가 길을 가다가 굴뚝이 구부정하고 그 옆에 장작을 쌓아 놓은 집을 보고서 집주인에게 말했습니다.

"굴뚝을 곧게 만들고 장작을 멀리 옮기시오. 그렇지 않으면 불이 날 것이오."

주인은 대꾸하지 않았습니다. 얼마 뒤 과연 그 집에 불이 났는데, 다행히 이웃들의 도움으로 불을 껐습니다. 주인은 소를 잡고 술을 사서 잔치를 벌여 이웃 사람들을 초대했습니다. 그러고는 불을 끄다가 덴 사람을 제일 윗자리에 앉히고 나머지는 각자의 공로에 따라 차례대로 앉혔습니다. 하지만 굴뚝을 곧게 만들고 장작을 옮기라고 한 나그네는 부르지 않았습니다. 이에 누군가 주인에게 말했습니다.

"전에 나그네의 말을 들었다면 불이 나지 않았을 터이니 소를 잡고 술을 살 필요도 없었을 것이오. 그런데 정작 굴뚝을 곧게 만들고 장작을 옮기라고 말한 사람은 혜택을 입지 못하고, 불에 덴 사람이 제일 윗자리에 앉아서야 되겠소."

집주인은 그제야 잘못을 깨닫고 나그네를 불렀습니다. 『자치통감』에 나오는 이야기입니다.

사고가 터지면 인재(人災)라고 일컫고는 합니다. 인재란 사람의 힘으로 막을 수 있음에도 막지 못한 재해라는 뜻입니다. 인재가 반복되는 이유는 겉으로 드러난 문제를 미봉하기에만 급급한 나머지 근본적인 문제를 제거하지 못했기 때문입니다. 치료보다 예방이라고 했습니다. 문제가 생기지 않도록 예방하고, 일어난 문제는 심각해지기 전에 해결하는 것이 중요합니다. 그런데 사람들은 어려운 문제를 해결한 공로는 높이 평가하지만 문제가 생기지 않도록 예방한 공로는 좀처럼 알아주지 않습니다. 결국 얼마 뒤 같은 사고가 다시 터집니다. 악순환의 반복입니다.

정치는 어지러워지기 전에 다스리는 것이 제일이고, 병법은 싸우기 전에 이기는 것이 제일이다.

『자치통감』에서 앞의 이야기에 붙인 말입니다. 아무 문제가 없어 보이는 때야말로 근본적인 문제를 제거해 사고를 예방할 때입니다.

六經之治, 貴於未亂, 兵家之勝, 貴於未戰.
육 경 지 치   귀 어 미 란   병 가 지 승   귀 어 미 전
정치는 어지러워지기 전에 다스리는 것이 제일이고, 병법은 싸우기 전에 이기는 것이 제일이다.『자치통감』

085 천당과 지옥

천당과 지옥은 정말로 있는 것일까요? 누가 뭐라든 죽기 전에는 알 길이 없으니, 천당과 지옥의 존재는 믿음의 영역에 속하는 것입니다. 그렇다면 질문을 바꿔 보겠습니다. 사람들은 왜 천당과 지옥이 있다고 믿는 것일까요? 천당과 지옥이 있다고 말하는 서양 종교가 들어오기 시작한 18세기 후반의 조선에서 그 이유를 곰곰이 따져 본 사람이 있었습니다. 시인으로 유명했던 석북(石北) 신광수(申光洙)의 아들 초석(蕉石) 신이상(申履相)의 말입니다.

그 이유를 따져 보면 모두 이 세상을 다스리는 사람의 잘못이다. 이 세상에서는 착하다고 반드시 복을 받거나 이익을 얻는 것도 아니고, 악하다고 반드시 벌을 받거나 재앙을 당하는 것도 아니다. 이 세상의 상벌이 모조리 거꾸로 되었으니 저 세상에서나마 천당과 지옥이 있을 것이라고 믿는 것 아니겠는가.

만약 이 세상이 잘 다스려지면 착한 사람은 복을 받고 악한 사람은 벌을 받을 것이다. 그리고 착한 사람은 뜻밖의 재앙을 당하는 일이 없고 악한 사람은 요행히 형벌을 피하는 일이 없을 것이다. 착한 사람이 복을 받는다면 이 또한 이 세상의 천당 아니겠는가. 악한 사람이 벌을 받는다면 이 또한 이 세상의 지옥 아니겠는가.

「서양 종교를 물리치는 글(闢洋學文)」에 나오는 내용입니다. 사람들이 천당과 지옥의 존재를 믿는 까닭은 착한 사람이 복을 받고 악한 사람이 벌을 받는 지극히 당연한 이치가 현실에서 통하지 않기 때문이라고 하였습니다. 오히려 착한 사람이 손해를 보고 악한 사람이 이익을 얻는 일을 자주 보게 되니, 죽은 뒤에라도 공정한 심판을 받았으면 하는 바람으로 천당과 지옥의 존재를 믿는 것입니다.

우리가 살고 있는 이 세상에서 착한 사람이 반드시 복을 받고 악한 사람이 반드시 벌을 받는다면 천당과 지옥을 믿을 사람은 아무도 없을 것이라고 하였습니다. 결국 천당과 지옥에 대한 믿음은 신상필벌과 권선 징악의 기능이 마비된 불공정한 사회의 산물입니다. 사후의 천당과 지옥은 알 수 없지만, 현실의 천당과 지옥은 우리가 만드는 것입니다. 정의가 실현되는 사회. 착한 사람에게는 그곳이 천당이며 악한 사람에게는 그곳이 지옥입니다.

斯亦斯世之天堂, 斯亦斯世之地獄.
사 역 사 세 지 천 당   사 역 사 세 지 지 옥

이 또한 이 세상의 천당이며, 이 또한 이 세상의 지옥이다.『초석집』

086 이익이 크면 법을 가볍게 본다

10억 원이 생긴다면 1년 동안 감옥에 있겠습니까? 고등학생을 대상으로 한 설문 조사에서 열 명 중 네 명이 그렇게 하겠다고 답했습니다. 어찌 보면 당연한 결과입니다. 10억 원이라는 이익이 1년 동안 감옥에 있는 손해보다 훨씬 크기 때문입니다. 이익과 손해를 저울질해서 손해보다 이익이 크면 법을 어겨서라도 이익을 보려는 것이 인간의 욕심입니다.

『성호사설(星湖僿說)』「형법」에 나오는 말입니다.

내가 보기에 가난하고 미천한 사람들은 아침저녁으로 생계를 도모하느라 이익과 욕망의 굴레를 벗어나지 못한다. 가난하고 미천한 처지를 벗어날 수 있다면 못할 짓이 없지만, 함부로 나쁜 짓을 못하는 이유는 법이 무섭기 때문이다. 법과 이익은 서로 반대가 된다. 이익이 크면 법을 가볍게 보고, 이익이 작으면 법을 무겁게 본다. 그 형세는 막을 수 없으니 소홀히 해서야 되겠는가.

금덩이를 훔치는 사람에게 곤장을 때린다고 하자. 곤장을 맞는 것이 무섭다면 금덩이를 보아도 그냥 지나갈 것이다. 하지만 부자가 되는 것이 더 중요하다면 필시 과감히 훔치는 자가 있을 것이다.

살인하는 사람은 자기도 죽게 되므로 참고 살인하지 않는다. 만약 살인을 해도 죽지 않는다면 저잣거리에서 칼을 휘두르는 일이 그칠 때가 있겠는가. 그러

므로 정치를 하려면 법이 이익보다 무겁고, 이익이 손해로 변하게 해야 백성의
마음이 안정되고 풍속이 변할 것이다.

사회의 법질서를 유지하려면 법을 어김으로써 얻는 이익보다 법을 어
김으로써 입는 손해가 커야 합니다. 하지만 지금 우리 사회는 이 당연한
상식이 지켜지지 않고 있습니다. 우리 사회의 고질적인 병폐가 근절되지
않는 이유는 처벌을 받더라도 그보다 더 큰 이익을 얻기 때문입니다.

법을 어김으로써 얻는 이익이 손해보다 크다면, 그리고 범법 행위로
얻은 이득을 엄중하게 단속하지 않는다면 법을 어기는 행위는 결코 사
라지지 않을 것입니다.

利重而法輕.
이 중 이 법 경

이익이 크면 법을 가볍게 본다.『성호사설』

087 사슴 가죽 법전

예로부터 가죽 중에 가장 좋은 것은 사슴 가죽이라고 하였습니다. 가볍고 부드러우면서도 튼튼하기 때문에 사슴 가죽은 전통적으로 고급 가죽 제품의 재료로 쓰이곤 했습니다. 과학적으로 사슴 가죽은 동물의 가죽 중에 가장 섬세한 섬유 다발로 이루어져 있다고 합니다.

사슴 가죽을 한자로 녹피(鹿皮)라고 하고, 이것을 무두질해서 더욱 부드럽게 만든 것을 숙녹피(熟鹿皮)라고 합니다. 숙녹피는 매우 부드럽고 신축성이 뛰어나 이쪽으로 당기면 이쪽으로 늘어나고 저쪽으로 당기면 저쪽으로 늘어납니다.

여기서 생긴 속담이 숙녹피대전(熟鹿皮大典)입니다. 숙녹피대전의 대전은 『경국대전(經國大典)』의 대전과 같이 법전이라는 뜻입니다. 숙녹피대전은 죄인에게 판결을 내리는 법관이 마치 신축성 좋은 사슴 가죽을 이리저리 늘리는 것처럼 법전의 내용을 자의적으로 해석하고 적용하는 것을 비유하는 말입니다.

조선 영조 때의 학자 오원(吳瑗)이 말했습니다.

법이라는 것은 천하 사람 모두에게 공평하며 터럭만큼도 차이가 없어야 합니다. 그런데 그간의 판결로 말하자면 죄는 같으나 벌이 다른 사람도 있으니, 속담에 이른바 숙녹피대전이라 하는 말과 거의 가깝습니다.

『승정원일기』에 나오는 내용입니다. 조선 시대에 법조문을 해석하고 적용하는 것은 율관(律官)이라는 중인 계층의 업무였습니다. 그런데 법조문이 워낙 많고 복잡하기 때문에 율관들의 재량에 따라 형벌이 달라질 소지가 컸습니다. 같은 죄를 저질러도 율관의 개인적인 감정이나 이해관계에 따라 형벌이 다른 경우가 비일비재했습니다. 이로 인해 사법 불신이 깊어지면서 조선 시대 법전은 숙녹피대전이라는 비아냥 섞인 속담이 생기게 된 것입니다.

법의 생명은 형평성입니다. 우리 헌법도 모든 국민이 법 앞에 평등하다고 규정하고 있습니다. 하지만 그렇지 못한 것이 엄연한 현실입니다. 같은 죄를 저질러도 죄를 지은 사람이 누구인가에 따라 형벌이 달라지는 법 앞의 불평등이 반복된다면, 우리나라의 법전도 숙녹피대전이라는 비난을 피하기 어려울 것입니다.

法者, 天下之平.
법 자 천 하 지 평

법이라는 것은 천하 사람 모두에게 공평해야 한다. 『승정원일기』

복분자(覆盆子)라는 열매가 있습니다. 산딸기의 일종으로 정확한 명칭은 복분자딸기이며, 한자로는 뒤집힐 복, 동이 분, 아들 자입니다. 복분자의 명칭에 대해서는 두 가지 설이 있는데요. 첫째는 복분자의 모양이 마치 동이를 뒤집어 놓은 것처럼 생겼기 때문이라는 것이고, 둘째는 복분자를 먹으면 요강이 뒤집힐 정도로 소변이 세차게 나오기 때문이라고 합니다. 두 번째 이야기는 한 번쯤 들어 보셨을 텐데, 이 때문에 복분자는 정력의 상징으로 알려져 있습니다. 하지만 고전에서 복분, 즉 뒤집어진 동이라는 말은 정력과는 전혀 무관한 뜻으로 쓰이곤 합니다.

> 햇빛도 달빛도 별빛도 뒤집어진 동이의 안쪽을 비출 수는 없다.

『포박자(抱朴子)』「변문(辨問)」에 나오는 말입니다. 동이를 뒤집어 놓으면 그 속에는 빛이 들지 않습니다. 작은 틈이라도 있다면 반드시 빛이 새어 들어올 텐데, 그렇지 않다면 동이 속은 완전한 어둠입니다. 밖에서 아무리 강한 빛이 내리쬐어도 그 안쪽은 결코 비출 수 없습니다. 햇빛도 달빛도 별빛도 뒤집어진 동이의 안쪽을 비출 수는 없습니다.

이렇게 빛이 전혀 들지 않는 뒤집어진 동이 속에 갇힌 것처럼, 남들의 눈길이 닿지 않는 곳에서 홀로 고통스러워하는 마음을 복분지원(覆盆之怨)이라고 합니다. 뒤집어진 동이 속의 원망이라는 말입니다. 남들은 모두 밖에서 따뜻한 햇볕을 쬐고 있는데 홀로 뒤집어진 동이 안에 갇혀 추위에 떨고 있다면 그 원통한 심정은 이루 말할 수 없을 것입니다. 햇볕이 따뜻하면 따뜻할수록 원망은 더욱 클 것입니다.

복지 사각지대라는 말이 있습니다. 형편이 어려운데 복지 제도를 잘 모르거나, 알아도 수혜 기준을 벗어나 혜택을 받지 못하는 사람들을 일컫는 말입니다. 그야말로 뒤집어진 동이 속에 갇힌 격입니다. 모든 사람에게 기회가 주어지더라도 혜택을 받지 못하고 소외되는 사람은 항상 존재하기 마련입니다. 뒤집어진 동이를 하나하나 열어 보고 그 안에 갇힌 사람들이 햇빛을 보도록 하겠다는 적극적인 자세가 필요합니다.

三光不照覆盆之內.
삼 광 부 조 복 분 지 내

햇빛도 달빛도 별빛도 뒤집어진 동이의 안쪽을 비출 수는 없다. 『포박자』

089 가난 구제는 나라도 못한다고?

"가난 구제는 나라도 못한다."라는 속담이 있지요. 빈곤 문제를 완전히 해결할 방법은 없다는 뜻인데요. 이 속담이 어디서 나온 것인지 여기저기 찾아보았지만 찾을 수가 없었습니다. 우리 고전은 물론 중국 고전에도 보이지 않습니다. 널리 쓰이던 속담이었다면 한 번쯤 어딘가에 나올 법한데, 구한말과 일제 강점기의 신문 잡지에도 나오지 않습니다. 고전소설『흥부전』에 비슷한 말이 나오기는 합니다만, 이 속담이 나오는『흥부전』의 판본은 그리 오래된 것이 아닙니다.

가만 생각해 보면 이런 말이 고전에 나올 리가 없습니다. 예로부터 빈민 구제는 국가의 급선무로 여겨졌기 때문입니다.『맹자』「만장 상(萬章上)」편에 나오는 말입니다.

> 천하의 필부필부(匹夫匹婦) 한 사람이라도 임금의 혜택을 받지 못한 사람이 있으면 자기가 떠밀어 구덩이에 빠뜨린 것처럼 여긴다.

세상에 단 한 사람이라도 고통받는 사람이 있다면 그것은 위정자의 책임이라는 말입니다. 가난 구제는 나라도 할 수 없다는 따위의 책임 회피성 발언은 최소한 우리 고전에서는 찾아볼 수 없습니다.

"가난 구제는 나라도 못한다."라는 속담은 1950년대 신문에 처음 나와서 그 뒤로 널리 쓰이기 시작했습니다. 1950년대는 우리 역사에서 가장 어려웠던 시기 가운데 하나입니다. 모두가 가난했던 당시에 빈곤은 그야말로 국가로서도 어쩔 수 없는 문제였습니다.

그렇지만 지금은 그때와 상황이 다릅니다. 이제 우리나라는 세계에서 손꼽히는 경제 대국이 되었고, 생계를 위협받을 정도로 가난한 사람은 결코 다수가 아닙니다. 그런데도 우리는 여전히 가난 구제는 나라도 못한다는 근거 없는 속담을 핑계 삼아 빈곤을 개인의 책임으로 돌리고 있습니다. 가난 구제는 나라도 못한다는 말, 이제는 쓰지 말았으면 합니다.

思天下之民, 匹夫匹婦有不與被堯舜之澤者, 若己推而內
사 천 하 지 민　 필 부 필 부 유 불 여 피 요 순 지 택 자　 약 기 추 이 납
之溝中.
지 구 중

천하의 필부필부 한 사람이라도 임금의 혜택을 받지 못한 사람이 있으면 자기가 떠밀어 구덩이에 빠뜨린 것처럼 여긴다. 『맹자』

201

090 여론을 알아보는 두 가지 방법

정치가는 여론의 동향을 주시하지 않을 수 없습니다. 예로부터 여론을 살피는 방법에는 두 가지가 있습니다. 하나는 여러 사람을 만나 의견을 듣는 방법입니다. 그리고 다른 하나는 사람을 시켜 몰래 남의 뒤를 캐서 무슨 말을 하고 다니는지 알아보는 것입니다. 이것을 기찰(譏察)이라고 합니다. 요즘 말하는 사찰과 같은 것입니다.

기찰을 하는 이유는 부정적인 여론을 잠재우는 효과가 있기 때문입니다. 청나라의 옹정제는 관원들을 광범위하게 기찰했습니다. 그리하여 조선 사신들이 청나라에 가서 옹정제의 정치가 어떤지 물어보아도 들을 수 있는 말은 오직 만세뿐이었습니다. 기찰이 여론의 조성을 막았기 때문입니다. 조선 중기의 문신 동계(東溪) 권도(權濤)는 이렇게 말했습니다.

기찰이 있는 것은 나라의 복이 아니다.

당쟁과 역모가 빈번했던 조선 시대에도 종종 관원들을 기찰했다는 기록이 남아 있습니다. 하지만 기찰은 부득이한 경우에만 각별히 신중을 기하여 시행했습니다. 암행어사를 파견하는 것도 일종의 기찰이지만, 합법적으로 국왕의 권력을 위임받은 어사가 관원들의 기강을 바로잡고 비리를 감시하는 제도라는 점에서 법의 테두리를 벗어나지 않는 행위였습니다. 반면 법을 넘어선 기찰은 조선 시대에도 결코 떳떳한 행위가 아니었습니다. 기찰은 왕도 정치의 공명정대한 도리가 아니라는 믿음 때문이었습니다.

영조 때 각 도의 관찰사들이 예하 고을의 수령들을 기찰한 사실이 밝혀지자, 영조는 이렇게 말했습니다. "관찰사가 수령을 자주 만나 그 인물을 관찰하고, 또 보고하는 문서를 본다면 어찌 기찰할 필요가 있겠는가." 다시 말해 사람들을 자주 만나지 않고, 사람들의 말을 듣지 않으므로 기찰이 필요하다는 얘기입니다.

기찰은 전제 군주 시대에서도 함부로 할 수 없는 일이었습니다. 민주 국가에서야 말할 것도 없습니다. 사찰이 존재한다는 것은 소통의 부재를 의미한다는 점에서 결코 나라에 복이 될 수 없습니다.

國家之有譏察, 非國家之福也.
국 가 지 유 기 찰　　비 국 가 지 복 야

기찰이 있는 것은 나라의 복이 아니다. 『동계집』

091 뜻을 같이하는 사람들의 무리

정치를 하려면 여러 사람의 힘이 필요합니다. 이 때문에 정당과 비슷한 형태의 정치 집단은 예로부터 항상 존재했습니다. 과거에는 이런 정치 집단을 붕당(朋黨)이라고 하였습니다. 벗 붕, 무리 당입니다. 벗이란 뜻을 같이하는 사람을 말하니, 붕당은 뜻을 같이하는 사람들의 무리입니다. 하지만 붕당도 붕당 나름입니다.

송나라 정치가 구양수(歐陽脩)가 말했습니다.

소인에게는 붕당이 없고 오직 군자라야 붕당이 있습니다. 어째서이겠습니까. 소인이 좋아하는 것은 이익이며, 탐내는 것은 재물입니다. 이익이 같을 때는 잠시 당파를 만들어 붕당이라고 하지만 그것은 가짜입니다. 이익을 보고 앞을 다투며 이익이 없어지면 사이가 멀어지고 심한 경우에는 서로 해치기까지 하는데, 형제와 친척이라도 살려 두지 않습니다. 신은 그러므로 소인에게는 붕당이 없고 이들이 잠시 만든 붕당은 가짜라고 하는 것입니다.

중국 문학사에서 명문장으로 손꼽는 「붕당론(朋黨論)」의 한 대목입니다. 이익을 좇아 모인 소인들의 붕당은 이익이 없어지면 저절로 흩어진다고 하였습니다. 붕당이 정권 획득과 유지의 수단에 불과하다면 결코 오래갈 수 없습니다.

정당 중심의 의회 민주주의가 효율적인 정치 형태라고는 하지만, 정당과 국회에 대한 우리 국민들의 불신과 혐오는 뿌리가 깊습니다. 정당이 사회 안정과 민생 문제 해결에 기여하기보다는 당파나 계파의 이익을 챙기는 데 급급한 모습을 많이 봐 왔기 때문입니다. 이익을 좇아 모이고 흩어지는 그들의 모습이 국민들의 정치 혐오와 무관심을 초래했다는 사실은 부정하기 어렵습니다.

뜻을 같이하는 사람들이 힘을 합치겠다는데야 나쁘게 볼 이유가 없습니다. 하지만 이해관계가 달라진다고 이내 흩어진다면 그 당은 군자의 붕당이 아니라 소인의 붕당이라는 사실을 스스로 입증하게 될 것입니다.

當其同利之時, 暫相黨引以爲朋者, 僞也.
당 기 동 리 지 시   잠 상 당 인 이 위 붕 자   위 야

이익이 같을 때는 잠시 당파를 만들어 붕당이라고 하지만 그것은 가짜다. 『문충집』

092 국시란 존재하는가

국민의 지지도가 높은 국가 이념이나 국가 정책의 기본 방침을 국시(國是)라고 합니다. 나라 국 옳을 시, 나라 사람들이 모두 옳다고 여기는 것이라는 뜻입니다. 그런데 과연 나라 사람 모두가 옳다고 여기는 국시라는 것이 존재할 수 있을까요? 성호 이익이 이 점을 지적했습니다.

당론이 성행하자 어진 이와 어리석은 이의 구별이 없어지고, 국시가 나타나자 옳고 그름이 바뀌었다.

한 사람이 있으면 온 나라 사람의 절반은 좋아하고 절반은 미워한다. 이것이 국시라고 하는 사람은 소견이 좁아서 옳다고 하는 사람만 보인다. 이것이 국시가 아니라고 하는 사람 역시 소견이 좁아서 아니라고 하는 사람만 보인다. 한 사람이 억측하면 천 사람 만 사람이 부화뇌동한다.

열 사람이 옳다 하고 한 사람이 그르다 하더라도 국시가 될 수 없거늘, 하물며 옳다고 하는 사람이 열 사람도 못 된다면 어떻겠는가. 당파가 백성을 선동하며 시비를 어지럽히는 것이다. 자기가 하는 말이 국시라고 주장하는 사람은 나라를 망치는 자이다. 그런데 지금 사람들은 국시를 구실로 삼아 위아래를 협박하며 자신의 사욕을 채우려 하니, 참으로 가증스러운 일이다.

당론이 생긴 뒤로 모든 사람이 옳다고 여기는 국시는 더 이상 존재하지 않는다고 하였습니다. 한쪽이 옳다고 하면 한쪽은 반드시 그르다 하고, 수많은 사람들이 여기에 부화뇌동하여 옳으니 그르니 옥신각신한다는 것입니다.

국시는 당론의 산물입니다. 당론을 주장하는 사람은 자기 주장에 반대하는 의견을 두고 국시를 흔드는 선동이라고 합니다. 하지만 국시야말로 선동의 수단이며 사욕을 채우기 위한 구실에 불과합니다.

누구나 자유롭게 옳고 그름을 말하는 것이 민주 사회이며, 옳고 그름에 대한 판단은 국민 각자의 몫입니다. 국시라는 명목으로 다양한 의견을 묵살하고 판단의 자유를 빼앗는다면, 성호의 말처럼 국시는 나라를 망치는 주장이 분명합니다.

自倡曰國是者, 亡國之論也.
자 창 왈 국 시 자 　 망 국 지 론 야

자기가 하는 말이 국시라고 주장하는 사람은 나라를 망치는 자이다. 『성호사설』

093 정치에서 가장 우선할 일

독거노인이 주검으로 발견되었다는 소식이 하루가 멀다 하고 전해집니다. 홀로 죽음을 맞이하고 뒤늦게 시신이 발견되는 이른바 '고독사(孤獨死)'가 매년 200건이 넘고, 고독사 가능성이 높은 독거노인이 계속해서 증가 추세라고 합니다. 죽음은 누구도 피할 수 없지만, 고독사는 자연스럽고 편안한 죽음이라 보기 어렵습니다. 정치로 해결할 과제가 한두 가지가 아니나 소외 계층을 돌보는 것이야말로 무엇보다 우선시할 과제입니다.

제나라 선왕(宣王)이 왕도 정치에 대해 묻자, 맹자가 답했습니다.

늙었는데 아내가 없는 사람, 늙었는데 남편이 없는 사람, 늙었는데 자식이 없는 사람, 나이가 어린데 부모가 없는 사람. 이 넷은 천하의 곤궁하고 고할 데 없는 백성입니다. 주나라 문왕(文王)이 정치를 할 때는 반드시 이 넷을 우선시했습니다.

주나라 문왕은 중국 역사상 최고의 성군으로 추앙받는 인물입니다. 그가 정치에서 가장 우선시한 것은 홀아비, 과부, 고아 그리고 독거노인과 같은 소외 계층이었습니다. 1392년 태조 이성계가 조선의 왕으로 즉위하면서 처음으로 내린 교서에서도 정치가 가장 우선시해야 할 것은 소외 계층을 돌보는 일이라고 하였습니다. 그중에서도 독거노인은 각별히 보살펴야 할 대상입니다.

국회 의원이라도 지냈다면 죽을 때까지 두둑한 연금을 받을 수 있겠지만, 대부분의 독거노인들은 그런 처지가 못 됩니다. 2013년 기준 OECD 국가 중 노인 빈곤율 1위, 노인 자살율 1위라는 현실이 보여 주듯 한국 사회의 독거노인은 대부분 국가가 책임져야 하는 소외 계층입니다. 독거노인의 빈곤과 질병을 해결할 책임이 국가에 있는 것은 분명합니다. 그런데 이것만으로는 부족합니다.

고독사는 인적이 드문 시골에서 일어나는 것이 아니라 수많은 사람들이 살고 있는 도시에서 일어납니다. 고독사의 원인이 단순히 빈곤이나 질병만이 아니라 주위의 무관심이기도 하다는 사실을 잘 보여 줍니다. 해체된 지역 공동체와 인간관계의 회복이야말로 고독사의 해법입니다.

鰥寡孤獨, 王政所先.
환 과 고 독   왕 정 소 선

홀아비, 과부, 독거노인, 고아는 왕도 정치가 우선해야 할 바이다. 『태조실록』

094 백성이 서로 원수가 되다

중국 고대의 은나라는 기원전 17세기에 건국되어 무려 600여 년 동안 천하의 지배자로 군림했습니다. 하지만 은나라의 마지막 임금 주왕(紂王)의 잔인무도한 폭정으로 말미암아 부정부패가 만연하고 사회 혼란이 가중되어 결국 멸망에 이르고 말았습니다. 유교 경전의 하나인 『서경』에서는 은나라 말기의 사회상을 이렇게 묘사했습니다.

죄를 지어도 벌을 받지 않으니 백성들이 일어나 서로 싸워 원수가 되었다.

『서경』「미자(微子)」편에 나오는 말입니다. 임금을 비롯하여 윗자리에 있는 사람들이 법을 어기고 죄를 저질러도 처벌을 받지 않으니, 아래에 있는 백성들도 거리낌 없이 서로 해치고 빼앗는 바람에 결국 서로 원수가 되었다는 것입니다. 사회 지도층의 부패와 무능이 사회 전반의 갈등과 분열을 부추긴다는 사실을 확인할 수 있습니다.

강한 사람이 약한 사람을 힘으로 누르고 많이 가진 사람이 적게 가진 사람의 것을 약탈한다면, 약한 사람들은 힘을 모아 강한 사람을 대적하고 적게 가진 사람들도 지혜를 합쳐 많이 가진 사람의 것을 나눌 궁리를 해야 합니다. 그런데 현실은 그렇지 않습니다. 약한 사람들은 자기들끼리 싸우고, 적게 가진 사람들은 서로의 것을 빼앗으려고 합니다. 결국 없는 사람들끼리 원수가 되고 맙니다.

가만 보면 사회 부적응자가 저지르는 강력 범죄의 피해자는 모두 사회적 약자들입니다. 대형 할인점에 손님을 빼앗긴 시장 상인들이 노점상과 싸우고, 시민의 발이 되어야 할 버스 업계와 택시 업계가 서로 대립하는 것도 마찬가지입니다.

이렇게 사회 구성원들이 적대하게 된 이유는 무엇보다 정부가 이해 당사자들 사이에 생긴 갈등을 합리적으로 조정하는 데 반드시 필요한 신뢰와 능력을 갖추지 못했기 때문입니다. 힘을 합쳐 함께 살길을 찾아도 모자랄 판에 서로 원수가 되는 것만은 피했으면 합니다.

凡有辜罪, 乃罔恒獲, 小民方興, 相爲敵讐.
범 유 고 죄 내 망 항 획 소 민 방 흥 상 위 적 수

죄를 지어도 벌을 받지 않으니 백성들이 일어나 서로 싸워 원수가 되었다.『서경』

황금빛 들판에서 이삭을 줍는 여인들의 모습을 그린 밀레의 「이삭줍기」
라는 서양화를 기억하실 것입니다. 허름한 옷차림으로 허리를 굽힌 채
이삭을 줍고 있는 세 여인은 아무리 보아도 부유한 사람들 같지는 않습
니다. 실제로 이 그림은 추수를 마친 대지주의 밭에 떨어진 이삭을 줍
는 가난한 소작농의 모습을 묘사한 것이라고 합니다. 이들이 이렇게 이
삭을 주워 갈 수 있었던 것은 땅을 가진 사람들의 배려 덕택이었습니다.
성경에 이런 말이 있습니다.

> 너희 땅의 수확을 거두어들일 때, 밭 구석까지 모조리 거두어들여서는 안 된다.
> 거두고 남은 이삭을 주워서도 안 된다. 너희 포도를 남김없이 따서는 안 되고,
> 포도밭에 떨어진 포도를 주워서도 안 된다. 그것들은 가난한 이와 이방인을 위
> 하여 남겨 두어야 한다.

구약 성경 「레위기」에 나오는 말입니다. 농작물을 수확할 때는 모조
리 거두어들이지 말고 남겨 두며, 땅에 떨어진 것도 줍지 말라고 하였습
니다. 추수할 것이 없는 가난한 사람들을 위해서였습니다.

중국 고전 『시경』에도 비슷한 말이 있습니다.

저기에는 수확하지 않은 어린 벼가 있고 여기에는 거두지 않은 벼 묶음이 있으며, 저기에는 버려진 볏단이 있고 여기에는 버려진 이삭이 있으니, 이것은 과부의 몫이로구나.

『시경』「대전(大田)」편의 한 구절입니다. 추수를 마친 들판의 풍경을 노래한 것입니다. 수확이 끝나고 남은 볏단과 이삭은 과부의 몫이라고 하였습니다. 과부와 같은 사회적 약자들을 위해 수확한 농작물을 다 가져가지 않고 일부러 남겨 두었던 것입니다. 사회적 약자를 위한 배려는 동서양을 막론하고 오랜 전통입니다.

우리 사회에도 사회적 약자를 위해 마련한 여러 가지 제도가 있습니다. 그렇지만 애초의 취지대로 운용되기는커녕 강자에 의해 편법으로 악용되고 있습니다. 농작물을 모조리 수확하고도 모자라 이삭까지 남김없이 쓸어 가는 형국입니다. '사회적 배려'라는 명칭이 무색합니다.

彼有遺秉, 此有滯穗, 伊寡婦之利.
피 유 유 병   차 유 체 수   이 과 부 지 리

저기에는 버려진 볏단이 있고 여기에는 버려진 이삭이 있으니, 이것은 과부의 몫이로구나. 『시경』

096 원한을 푸는 방법

정치권의 유신 독재 평가 문제와 일본의 위안부 사죄 문제에서 보듯 과거사는 정치에서도 외교에서도 논란거리입니다. 아무리 과거보다 미래가 중요하다지만, 불행한 피해자들이 여전히 아픈 상처를 안은 채 살아가고 있는 것이 현실입니다. 가해자가 과거의 잘못을 인정하고 용서를 구해도 모자랄 판에 잘못을 외면하거나 정당화하는 행태는 결코 바람직하다고 볼 수 없습니다.

노자 『도덕경』에 이러한 구절이 있습니다.

큰 원한을 풀더라도 반드시 남은 원한이 있다.

한번 맺힌 원한은 쉽게 풀리지 않습니다. 애초에 남에게 원한을 살 짓을 하지 말아야겠지만, 기왕 원한을 맺었다면 가해자는 항상 피해자에게 사죄하는 마음으로 살아가는 것이 마땅합니다. 오랜 시간이 지나 화해를 청하고 용서를 구하더라도 피해자가 입은 깊은 상처는 완전히 치유될 수 없기 때문입니다. 다 지난 일이고 이미 화해를 했으니 문제가 깨끗이 해결되었다는 생각은 가해자의 착각에 불과합니다. 역사의 평가에 맡긴다는 것도 무책임한 발언입니다.

원망할 원(怨) 자는 마음심 위에 사람이 옆으로 누워 몸을 둥글게 굽히고 있는 모습을 형상한 글자입니다. 피해자는 땅에 드러누워 통곡하고 싶은 마음을 억누르고 있는데, 가해자라는 사람이 태연하게 화해를 요구하고 역사를 말할 수는 없는 것입니다.

원망하는 것도 사람의 마음이고, 원망을 풀어 줄 수 있는 것도 사람의 마음뿐입니다. 가해자의 입장에 있는 사람이 큰 원한을 풀더라도 반드시 남은 원한이 있다는 사실을 명심하며 진심으로 화해를 청하고 용서를 구한다면, 언젠가는 피해자가 그 진심을 알아줄 날이 올 것입니다. 그러나 형식적인 사과와 구차한 변명으로 일관한다면 과거사 논란은 끊임없이 되풀이되며 가해자의 발목을 잡을 수밖에 없습니다.

和大怨, 必有餘怨.
화 대 원   필 유 여 원

큰 원한을 풀더라도 반드시 남은 원한이 있다. 『도덕경』

097 한 사람이 제자리를 잃으면

『시경』은 고대 중국의 민간 가요를 모아 놓은 책으로, 백성이 부르는 노래를 통해 정치의 잘잘못을 알아보려고 만든 것입니다. 이 책에 「중곡유퇴(中谷有蓷)」라는 노래가 있습니다. 제목은 '골짜기의 익모초'라는 뜻인데요. 흉년이 들어 살기 어려워진 나머지 남편에게 버림받은 여인이 이곳저곳을 떠돌다가, 골짜기에서 메말라 가는 익모초를 보고서 자신의 처지를 한탄하는 서글픈 노래입니다. 중국 송나라 학자 범조우(范祖禹)는 이 시를 읽고 이렇게 말했습니다.

> 한 사람이 제자리를 잃으면 정치의 잘못을 알 수 있고, 한 여인이 버림받으면 백성의 곤궁을 알 수 있다.

주희의 『시집전(詩集傳)』에 인용된 범조우의 말입니다. 이 넓은 세상의 수많은 사람들 가운데 한 사람이 제자리를 잃고 한 여인이 버림받는 것은 사소하기 그지없는 일입니다. 하지만 그 한 가지 사소한 일이 잘못된 정치와 곤궁한 민생을 알려 주는 지표일 수도 있다는 것입니다. 조선 전기의 정치가 권근(權近)은 상소문에서 이렇게 말했습니다.

옛날의 임금은 한 사람의 백성이 추위에 떨면 내가 추위에 떨게 만들었다고 하였고, 한 사람의 백성이 굶주리면 내가 굶주리게 만들었다고 하였습니다. 그리고 한 사람이라도 제자리를 잃으면 마치 자기가 떠밀어서 곤경에 빠뜨린 것처럼 여겼습니다. 그런데 지금 수천수만의 생명을 춥고 굶주리는 곳에 두고도 아무렇지 않게 여겨서야 되겠습니까. 그들의 끝없는 근심과 아픔, 그리고 원망하는 마음은 다른 곳으로 가는 것이 아니라 모두 전하의 한 몸에 모일 것입니다.

『양촌집(陽村集)』에 나오는 말입니다. 한 사람이 제자리를 잃는 것도 문제인데, 수많은 사람들이 제자리를 찾지 못한다면 심각한 문제가 아닐 수 없습니다. 그리고 그들의 원망은 모두 한곳을 향합니다.

우리 주위에는 제자리를 찾지 못하고 있는 사람이 너무나 많습니다. 고용 불안과 차별 대우에 시달려야 하는 비정규직의 자리를 제자리라고 생각하는 사람은 아무도 없습니다. 그런데 정부도 기업도 개선할 생각이 없는 걸 보면 그 자리가 그들의 제자리라고 여기는 모양입니다. 근심하고 아파하는 그들의 원망이 어디로 갈지 모르겠습니다.

一物失所, 而知王政之惡, 一女見棄, 而知人民之困.
일 물 실 소   이 지 왕 정 지 악   일 녀 견 기   이 지 인 민 지 곤

한 사람이 제자리를 잃으면 정치의 잘못을 알 수 있고, 한 여인이 버림받으면 백성의 곤궁을 알 수 있다.『시집전』

098 위에서 물이 새면 아래에서 안다

중국 남북조 시대 양나라 무제(武帝)는 독실한 불교 신자였습니다. 그는 살생을 금하는 불교의 교리에 따라 사형 제도를 폐지하고, 제사를 지낼 때조차 술과 고기를 쓰지 못하게 했습니다. 승려들은 고기를 먹으면 안 된다는 계율이 여기서 비롯되었다고 합니다.

뿐만 아니라 무제는 자신의 몸을 사찰에 노예로 바치기도 했습니다. 신하들은 어쩔 수 없이 국고를 털어 사찰에 주고 무제를 되찾아 왔는데, 이런 일이 반복되다 보니 결국 양나라는 멸망하고 말았습니다.

그렇지만 무제가 원래부터 어리석고 무능한 사람이었던 것은 아닙니다. 즉위 초기의 그는 현명하고 유능한 군주였습니다. 무제가 한창 의욕적으로 정치에 임하던 때, 강자사(江子四)라고 하는 강직한 신하가 있었습니다. 그는 무려 네 차례나 상소를 올려 무제의 정치를 신랄하게 비판했습니다. 그러자 무제가 말했습니다.

옛사람이 말하길, 위에서 물이 새면 아래에서 안다고 하였다. 짐이 저지른 잘못은 스스로 깨닫지 못하는 법이다. 강자사가 이렇게 상소를 올렸으니, 관원들은 백성을 좀먹고 근심을 끼치는 것이 있으면 지체 없이 아뢰어라.

양나라의 역사책 『양서(梁書)』에 나오는 이야기입니다. 이렇듯 신하의 간언을 중시했던 무제가 어째서 양나라를 멸망으로 이끌었던 것일까요? 정치가 어느 정도 안정되면서 신하의 간언을 들을 필요가 없어졌다고 보았기 때문이라는 것이 『자치통감』의 평가입니다.

지붕에 구멍이 나서 물이 새더라도 높은 곳에 있는 사람은 알기가 어렵습니다. 물이 샌다는 사실을 알아차리는 사람은 가장 아래에 있는 사람입니다. 이처럼 위에서 물이 새면 아래에서 안다는 말은 군주가 정치를 잘못하면 백성이 피해를 입는다는 뜻이기도 하고, 윗자리에 있는 사람의 잘못은 아랫자리에 있는 사람들이 더 잘 안다는 뜻이기도 합니다.

문제가 생기면 아래에 있는 사람들은 뻔히 아는데 정작 위에 있는 사람들은 모르는 경우가 많습니다. 문제가 무엇인지, 그리고 어떻게 해결해야 할지는 아래에 있는 사람들이 더 잘 아는 법입니다. 그들의 말에 귀를 기울여야 하는 이유입니다.

屋漏在上, 知之在下.
옥 루 재 상   지 지 재 하

위에서 물이 새면 아래에서 안다. 『양서』

099 열 번을 바꾸더라도

중국 주나라 성왕(成王)은 어린 나이에 왕위에 올랐습니다. 너무 어려서 왕 노릇을 할 수 없었으므로 숙부 주공(周公)이 섭정을 맡았습니다. 하루는 성왕이 장난삼아 어린 동생에게 오동나무 잎 하나를 주면서 "너를 제후에 봉하겠다."라고 하였습니다. 때마침 주공이 들어와 이 광경을 보고 경하를 드렸습니다. 성왕이 말했습니다.

"이건 장난입니다."

그러자 주공이 말했습니다.

"천자에게는 장난이 없습니다."

결국 성왕의 어린 동생은 진짜로 제후에 봉해졌습니다. 당나라 문장가 유종원(柳宗元)의 「동엽봉제변(桐葉封弟辯)」이라는 글에 나오는 이야기로, 글의 제목을 풀이하면 '오동 잎으로 아우를 제후에 봉한 일을 변론함'이 됩니다.

한번 내뱉은 말은 결코 바꿀 수 없는 것일까요, 아니면 이미 한 말일지라도 잘못되었다면 바꾸는 것이 옳을까요? 유종원은 이 글에서 다음과 같이 평했습니다.

만약 온당하지 않거든 비록 열 번을 바꾸더라도 문제가 되지 않는다.

어린 아우를 제후에 봉한 것이 장난이었고 온당치 못한 일이라면, 말을 바꾼다는 비난을 받을지언정 취소하는 것이 옳다는 말입니다.

통치자의 말이 앞뒤가 다르거나 제도가 자주 바뀌면 비난이 쏟아집니다. 국가의 정책이 일관성 없이 이리저리 흔들리는 것은 바람직하지 않습니다. 하지만 잘못인 줄 알면서도 바꾸지 않는다면 이는 더 큰 잘못입니다.

열 번을 바꾸더라도 올바른 방향으로 개선해 나가는 것이 옳습니다. 다만 근본적인 문제는 놓아두고 지엽적인 문제만 건드리면 열 번을 바꾸어도 소용이 없습니다. 그것은 개선이 아니고 개악입니다.

設未得其當, 雖十易之, 不爲病.
설 미 득 기 당   수 십 역 지   불 위 병

온당하지 않거든 열 번을 바꾸더라도 문제가 되지 않는다. 『유하동집』

100 같은 죄에는 같은 벌을

중국 전국 시대 진(秦)나라에 상앙(商鞅)이라는 재상이 있었습니다. 새로운 법령을 마련한 그는 백성이 따르지 않을까 걱정하여 도성 남문에 장대 하나를 세워 놓았습니다. 이 장대를 북문으로 옮기는 사람에게는 10금을 주겠다는 선언과 함께였습니다. 하지만 사람들은 이상하게 여겨 아무도 나서지 않았습니다. 상금을 50금으로 올리자 한 사람이 밑져야 본전이라는 생각에 장대를 옮겼습니다. 상앙은 약속대로 50금을 준 뒤 새로 제정한 법령을 반포했습니다. 나라가 백성을 속이지 않는다는 사실을 확인한 백성들이 그 법령을 믿고 따랐던 것은 물론입니다. 『사기』 「상앙열전」에 나오는 유명한 이야기입니다.

법이 바로 서기 위해서는 무엇보다 신상필벌(信賞必罰)이 우선입니다. 공을 세운 사람에게 반드시 상을 주고, 죄를 저지른 사람에게 반드시 벌을 내리는 것이 신상필벌입니다. 신상필벌의 원칙이 무너지면 법도 따라서 무너집니다.

조선 중기 문인 박홍미(朴弘美)가 말했습니다.

백 사람이 같은 공을 세웠는데 한 사람만 상을 받지 못해도 민심은 이로 인해 해이해진다. 백 사람이 같은 죄를 지었는데 한 사람만 벌을 모면해도 민심은 이

222

로 인해 요행을 바라게 된다. 하물며 공이 같은데 상이 다른 경우가 열에 일고여덟이며 죄가 같은데 벌이 다른 경우가 열에 여덟아홉이면 어떻겠는가. 우리나라의 상벌은 불행하게도 이와 비슷하다. 이러고도 잘 다스려지기를 바란다면 어려운 일이 아니겠는가.

박홍미의 『관포집(灌圃集)』에 나오는 내용입니다. 공이 같으면 상도 같아야 하고, 죄가 같으면 벌도 같아야 합니다. 백 사람 중에 한 사람만 형평에 어긋나도 법은 흔들리기 마련입니다. 공이 같은데 상이 다르고, 죄가 같은데 벌이 다르다면 무슨 평계를 대더라도 법이 지켜지길 바라는 것은 무리입니다.

百人同罪而一人或免, 則民心由是而僥倖.
백 인 동 죄 이 일 인 혹 면   즉 민 심 유 시 이 요 행

백 사람이 같은 죄를 지었는데 한 사람만 벌을 모면해도 민심은 이로 인해 요행을 바라게 된다. 『관포집』

실천하지 않았거나 못했거나

말하기는 쉽지만 실천하기는 어렵습니다. 이것은 만고불변의 진리입니다. 애당초 실천할 생각이 없었던 경우야 말할 것도 없지만, 의지가 있어도 상황이 달라지면 실천하기가 어렵습니다. 중국 원나라 최고의 유학자로 일컬어지는 노재(魯齋) 허형(許衡)의 말입니다.

군주는 말을 하기가 어렵다는 것을 걱정할 게 아니라 말을 실천하기가 어렵다는 것을 걱정해야 합니다. 말을 실천하기가 어려운 줄 알면 말을 신중히 할 수밖에 없습니다. 천하는 넓고 백성은 많으니 일은 만 가지로 변하고 하루에도 만 가지 일이 생깁니다. 군주가 한 사람의 몸과 마음으로 여기에 대응하면서 말실수를 하지 않으려 한들 어찌 쉽게 되겠습니까. 그러므로 어제 말해 놓고 오늘 잊어버리는 것도 있고, 오늘 명령해 놓고 내일 스스로 어기는 것도 있습니다.

옳고 그름과 같고 다름이 복잡하게 바뀌면, 기강과 법도가 서지 않아 신하가 따르지 않고 간사한 자가 그 틈을 이용하여 폐단을 만듭니다. 천하 사람들은 의심스럽고 혼란스러운 나머지 군주가 법도 없고 신의도 없다고 떠들 것입니다. 이것은 다름이 아니라 어려운 것을 어렵게 여기지 않고 쉽게 여겼기 때문입니다.

허형이 원 세조에게 올린 상소에 나오는 내용입니다. 지위가 높고 업무가 많은 사람일수록 변수가 많아 앞일을 예측하기 어려운 법입니다. 말을 해 놓고 지키지 못하는 경우가 많을 수밖에 없습니다. 하지만 애당초 실천할 의지가 없어 실천하지 않았든, 그럴 의지는 있지만 여건이 변화해 실천하지 못했든 실제로 이행하지 못한 것은 같습니다. 따라서 말을 할 때에는 앞으로 상황이 달라질 가능성까지 헤아려 신중하게 해야 한다는 것입니다.

정치인이 대중을 상대로 약속을 해 놓고서 상황이 달라졌다며 슬그머니 말을 바꾸는 경우를 종종 보게 됩니다. 약속을 실천하지 않은 것이 아니라 못한 것이라고 변명하며 오히려 큰소리를 치기도 합니다. 실천하지 않았거나 못했거나 마찬가지입니다.

不患出言之難, 而患踐言之難.
불 환 출 언 지 난   이 환 천 언 지 난

말을 하기가 어렵다는 것을 걱정할게 아니라 말을 실천하기가 어렵다는 것을 걱정해야 한다.『원사』

102 정치의 본질

정치의 본질은 무엇일까요? 누구는 이념이라 하고 누구는 민생이라 하지만, 아무리 거창한 명분을 내세워도 정치의 본질은 밥그릇 싸움입니다. 정당은 함께 밥그릇을 지키려는 사람들의 모임이며, 당쟁은 서로의 밥그릇을 빼앗으려는 싸움입니다.

성호 이익은 「논붕당(論朋黨)」에서 이렇게 말했습니다.

당파는 싸움에서 생기고 싸움은 이해관계에서 생긴다. 이해관계가 절실하면 당파의 뿌리가 깊어지고, 이해관계가 오래가면 당파의 기반이 굳어지는 것은 당연한 결과이다.

여기 굶주린 사람 열 명이 있다. 밥그릇 하나에 열 사람이 나란히 숟가락을 얹으면 다 먹기도 전에 싸움이 일어난다. 이유를 물어보면 말이 공손하지 않은 사람이 있어서 그랬다고 한다. 그러면 사람들은 모두 말 때문에 싸움이 일어났다고 믿는다.

다른 날 또 밥그릇 하나에 열 사람이 숟가락을 얹으면 다 먹기 전에 싸움이 일어난다. 이유를 물어보면 얼굴 표정이 공손하지 않은 사람이 있어서 그랬다고 한다. 그러면 사람들은 모두 얼굴 표정 때문에 싸움이 일어났다고 믿는다. 다른 날 또 싸움이 벌어진다. 이유를 물으면 행동을 잘못한 사람 때문이라고 한다.

길을 가다 보면 말과 표정이 공손하지 않고 행동을 잘못하는 사람을 이루 셀수 없이 만나게 된다. 하지만 밥그릇 하나를 나누어 먹는 사람들처럼 치열하게 싸우지는 않는다. 그렇다면 싸움이 벌어지는 이유는 말이나 표정, 행동 때문이 아니라 바로 밥그릇 때문이다. 내일이라도 각자에게 밥상을 주고 배불리 먹게 함으로써 싸움이 일어나는 원인을 제거한다면 서로 헐뜯고 싸우던 사람들이 모두 조용해질 것이다.

조선 시대 당파 싸움의 본질은 관직을 차지하려는 밥그릇 싸움이었습니다. 열 사람이 밥그릇 하나를 차지하려고 싸우듯 많은 사람이 적은 관직을 차지하려고 다투는 것이 당파 싸움입니다. 모두에게 밥이 충분히 돌아간다면 싸움은 일어나지 않습니다. 아무리 그럴싸한 명분을 내세워도 정치의 본질은 결국 밥그릇 싸움입니다.

따지고 보면 누구나 밥그릇 싸움을 하면서 살고 있으니, 정치인에게만 하지 말라고 요구할 수는 없습니다. 우리가 요구할 수 있는 것은 자기 밥그릇을 챙길 때 국민의 밥그릇도 함께 챙겨 달라는 것입니다. 거창한 명분을 내세우는 정치인에게 바라는 것은 결국 이것뿐입니다.

鬪之在飯, 不在言貌動作.
투 지 재 반　부 재 언 모 동 작

싸움이 벌어지는 이유는 말이나 표정, 행동 때문이 아니라 바로 밥그릇 때문이다.

『성호전집』

103 인간적인 사회를 위하여

관중이 지은 『관자』라는 책에 「제자직(弟子職)」이라는 편이 있습니다. 「제자직」의 내용은 처음 선생님을 모시고 공부를 하는 제자들이 해야 할 일과 하지 말아야 할 일을 나열한 것입니다. 여기서 하지 말아야 할 일로 가장 먼저 거론한 것이 '무교시력(毋驕恃力)', 곧 교만하게 힘을 믿지 말라는 말입니다. 힘을 믿고 함부로 남을 때리면 안 된다는 것이 공부하는 사람의 첫 번째 금지 사항이었던 것입니다.

주희는 이 말을 매우 중요하다고 생각하여 그가 편찬한 『소학』에 인용하고 이렇게 풀이했습니다.

교만하게 힘을 믿는 사람은 자기 기운과 힘을 믿고 남을 함부로 때리는 사람이다. 그러므로 어려서부터 항상 힘을 숭상하지 말고 덕을 숭상하도록 가르쳐야 한다.

교만하게 힘을 믿고 남을 함부로 때리는 일이 없게 하려면 어려서부터 힘이 아니라 덕을 숭상하도록 가르쳐야 한다고 하였습니다. 특히 힘과 기운이 왕성한 청소년에게는 교만하게 힘을 믿는 일이 없도록 확실하게 가르칠 필요가 있다고 강조했습니다.

우리 사회가 덕보다는 힘을 숭상하는 사회라서 그런지 우리는 여전히 폭력을 관대하게 보는 경향이 있습니다. 어린아이가 때리면 어려서 그렇다고 넘어가고, 청소년이 때리면 아직 청소년이니까, 부모는 부모니까, 선생님은 선생님이니까, 장난이니까, 술에 취했으니까, 하여간 폭력을 정당화하는 이유도 가지가지입니다. 때려도 크게 다치지 않으면 문제 삼지 않고, 물리적 폭력에 비해 정신적 폭력을 가볍게 보는 것도 문제입니다. 이렇게 폭력에 관대하니 폭력의 피해자가 그 심각성을 호소하려면 극단적인 방법을 택할 수밖에 없습니다. 안타까운 일입니다.

인간이 살아가는 사회는 힘 있는 자가 힘없는 자를 괴롭히는 약육강식의 동물 세계와는 다릅니다. 인간을 동물과 다르게 만드는 것이 교육이라면, 교만하게 힘을 믿는 일이 없도록 하는 것이야말로 가장 우선할 교육입니다.

自少便教之以尙德不尙力之事.
자 소 편 교 지 이 상 덕 불 상 력 지 사

어려서부터 힘을 숭상하지 말고 덕을 숭상하도록 가르쳐야 한다.『주자어류』

5

잘
먹
고
잘
사
는
법

104 싸게 사서 비싸게 팔 것

2000년 전 중국의 경제 동향 보고서 『사기』 「화식열전」의 말입니다.

사람들은 각자 재주에 따라 힘을 다해 원하는 것을 얻으려 한다. 그러므로 물건 값이 싸다는 것은 비싸질 조짐이고 비싸다는 것은 싸질 조짐이다.

사람들이 각자 재주에 따라 힘을 다해 원하는 것을 얻으려 한다는 말은 욕망을 추구하는 인간의 본성이 시장 경제의 근간이 된다는 뜻입니다. 또 물건값이 싼 것이 비싸질 조짐이고 비싼 것이 싸질 조짐이라는 말은 시장 원리에 따른 가격 변동을 지적한 말입니다. 이러한 원리에 따라 부자가 되는 방법도 알려 주고 있습니다.

귀한 물건은 오물처럼 내놓고 천한 물건은 보물처럼 모아라.

쉽게 말해 싸게 사서 비싸게 팔라는 말입니다. 예나 지금이나 다름없는 원리입니다. 그걸 누가 모르냐고 하겠지만, 부자가 되겠다는 사람들이 싸게 사서 비싸게 팔 생각은 안 하고 비싸게 사서 더 비싸게 팔 생각만 하는 경우가 많습니다.

비싼 이유는 인기가 좋기 때문이고, 싼 이유는 인기가 없기 때문입니다. 인기 좋은 곳에는 너도나도 뛰어들어 경쟁이 치열합니다. 경쟁할 능력이 없는 사람까지도 추세를 따라 덩달아 경쟁에 뛰어듭니다. 이것은 투자가 아니라 투기입니다. 치열한 경쟁에서 이기려면 많은 시간과 비용이 필요합니다. 차라리 인기 없는 곳에서 두각을 나타내는 편이 훨씬 경제 논리에 충실한 태도입니다.

하지만 인기 없는 곳은 장래성이 없다며 모두 외면합니다. 싸게 사서 비싸게 팔아야 한다는 진리는 알고 있으면서도 남들과 다른 길을 가는 것을 두려워합니다. 인기 없는 공부와 인기 없는 직장은 갈수록 어려워집니다. 당장은 어려운 것이 사실이지만, 잘 찾아보면 그곳에도 기회는 있습니다.

「화식열전」에는 행상과 기름 장수, 간장 장수, 육포 장수, 수의사 등 당시 사람들이 기피하는 직업으로 부자가 된 사람들의 이야기가 실려 있습니다. 무조건 대세와 반대로 행동한다고 성공하는 것은 아닙니다. 이 사람들이 성공한 이유는 성실, 그리고 한 우물을 파는 자세라는 것이 「화식열전」의 결론입니다.

貴出如糞土, 賤取如珠玉.
귀 출 여 분 토   천 취 여 주 옥

귀한 물건은 오물처럼 내놓고 천한 물건은 보물처럼 모아라. 『사기』

105 백성과 이익을 다투지 않는다

자연의 질서는 지나치게 많으면 저절로 줄어들고, 지나치게 적으면 저절로 늘어나서 평형을 유지하려는 속성이 있습니다. 반면 돈이라는 것은 자꾸 많은 쪽으로만 모여드는 속성이 있는 것 같습니다.

왕조 말기의 사회 문제를 언급할 때 빠지지 않는 것이 바로 부의 편중입니다. 신라 말기에는 왕족과 호족에게, 고려 말기에는 권문세족에게, 조선 말기에는 세도가에게 부가 편중되었습니다. 부의 편중은 빈부 격차로 인한 갈등을 야기하여 결국 사회 불안으로 이어집니다. 이익을 독차지한 결과입니다.

군자는 이익을 독차지하지 않고 백성에게 남겨 준다.

『예기』「방기(坊記)」 편에 나오는 말입니다. 백성의 윗자리에 있는 사람은 백성과 이익을 다투지 않는다는 뜻입니다. 때문에 나라의 녹을 받는 사람이 영리 행위를 하는 것은 물론, 심지어 나라가 재정을 조달할 목적으로 수익 사업을 벌이는 것도 비난의 대상이 되었습니다. 백성과 이익을 다투면 안 된다는 믿음 때문이었습니다.

이익을 추구하는 것은 인간의 본성이며 그 과정에서 경쟁은 불가피

합니다. 이것이 경제를 움직이는 원동력이기 때문입니다. 하지만 경쟁에서 이겼다고 모든 이익을 싹쓸이하는 것은 길게 보아 바람직하지 않습니다. 서로 다른 경제 주체의 역할과 영역을 인정하되, 경제 행위자들이 상호 의존적인 관계에 있다는 점을 고려해서 경제 생태계의 안정과 공존을 위해 노력해야 한다는 주장이 설득력을 얻고 있습니다.

"군자는 이익을 독차지하지 않고 백성에게 남겨 준다." 장기적으로는 모두를 이롭게 하는 방법입니다.

君子不盡利以遺民.
군 자 부 진 리 이 유 민

군자는 이익을 독차지하지 않고 백성에게 남겨 준다. 『예기』

106 끝없는 욕심의 끝

1815년은 인도네시아 탐보라 화산 폭발의 영향으로 세계적인 대기근이 도래한 해입니다. 조선도 예외가 아니어서 전국적으로 기근과 전염병이 유행했습니다. 그 결과 물가가 폭등하고 생필품이 부족해져 곡식과 옷감은 물론 소금, 젓갈, 장작, 생선, 심지어 짚신까지 돈이 있어도 살 수가 없는 실정이었습니다.

모두가 기근을 물가 폭등의 원인으로 지목하는 가운데, 무명자 윤기는 인간의 탐욕을 원인으로 규정하고 이렇게 말했습니다.

사람들의 마음이 점차 교활해져 오로지 이익만을 추구하느라 시간이 부족할 지경이다. 그러므로 모든 물건을 감춰 놓고 때를 기다렸다가 이익을 보려고 하는 것이다. 물건이 이미 귀해졌지만 더욱 귀해지기를 바라고, 물가가 이미 올랐지만 더욱 오르기를 바라며, 심지어 시장에서 정해지는 가격을 마음대로 조절한다. 조금만 마음에 들지 않거나 조금만 욕심을 채우지 못하면 물건을 내놓지 않는다. 이렇게 되면 비단 빈익빈 부익부에 그치는 것이 아니라 교역하는 법이 사라지고 유통하는 길이 막혀서 가난한 사람들은 모두 어물전의 생선처럼 말라비틀어진 신세가 될 것이다. 그 이유를 따져 보면 모두 마음속에 염치가 없고 세상에 법이 없기 때문이다.

기근 때문에 물자가 부족해서 물가가 폭등한 것이 아니라, 기근을 이용해서 이익을 챙기려는 인간의 탐욕이 물가 폭등을 부채질했다는 것입니다. 이상 기후로 곡물 가격이 요동칠 때마다 투기 자본이 유입되어 가격 폭등을 조장하는 것처럼, 어려운 시기일수록 인간의 탐욕은 기승을 부리기 마련입니다.

노자가 말했습니다.

만족을 모르는 것보다 큰 화는 없다.

탐욕에 눈이 어두워지면 위험을 발견하지 못합니다. 곳곳에 도사린 위험을 운 좋게 피하는 것도 한두 번입니다. 위험을 간과하면 결국 위험에 빠지기 마련입니다. 더 가지려는 욕심에 투기로 망하는 사람이 많은 것 또한 이 때문입니다. 가지려는 마음보다 경계해야 할 것은 더 가지려는 마음입니다.

禍莫大於不知足.
화 막 대 어 부 지 족

만족을 모르는 것보다 큰 화는 없다. 『도덕경』

107 깨진 솥은 돌아보지 마라

『후한서』「곽태전」에 나오는 이야기입니다. 맹민(孟敏)이라는 사람이 솥을 짊어지고 가다가 실수로 땅에 떨어뜨려 깨뜨리고 말았습니다. 그런데 그는 떨어진 솥에 눈길 한 번 주지 않고 그냥 가 버리는 것이었습니다. 지나가던 사람이 이유를 묻자 맹민은 이렇게 대답했습니다.

솥은 이미 깨졌으니 쳐다본들 무슨 도움이 되겠는가.

파증불고(破甑不顧), 즉 깨진 솥은 돌아보지 않는다는 고사성어의 유래입니다. 그러나 깨진 솥을 쳐다봐야 소용없다는 것을 잘 알면서도 차마 발길을 떼지 못하는 것이 보통 사람의 마음입니다.

주식 투자를 할 때 중요한 것 중의 하나가 '손절매의 원칙'이라고 합니다. 투자를 하면서 누가 손해를 보고 싶겠습니까마는 본전에 대한 미련을 버리지 못하면 더 큰 손해를 입을 수도 있습니다. 따라서 예상한 금액 이상의 손해를 끊어 버리기 위해 파는 것, 곧 손절매를 해야 손실을 최소화하고 역전의 기회도 노릴 수 있다는 것입니다. 이미 입은 손해를 거듭 헤아리며 아까워하는 것은 어리석은 행동입니다.

인생에서도 때로는 손절매가 필요합니다. 선택의 연속인 인생에서 잘못된 선택을 하는 것은 흔히 있는 일입니다. 선택이 잘못되었다는 사실을 깨달았다면 그동안 들인 노력과 시간을 아까워하지 말고 과감하게 다시 시작하는 용기가 필요합니다. 인생에서는 끝까지 포기하지 않는 자세가 중요하다지만, 우리는 어쩌면 처음부터 다시 시작하기가 두려워 포기하지 않는 것인지도 모르겠습니다. 포기할 용기가 없어 버티고 버티다가 힘이 다하면 결국 남은 인생을 송두리째 포기하는 일도 생길 수 있습니다.

포기는 용기 있는 사람만이 할 수 있는 행동입니다.

甑以破矣, 視之何益.
증 이 파 의   시 지 하 익

솥은 이미 깨졌으니 쳐다본들 무슨 도움이 되겠는가. 『후한서』

108 청렴한 상인이 오래간다

중국 후한의 역사학자 반고(班固)가 지은 『한서』라는 역사책이 있습니다. 이 중 「화식전(貨殖傳)」은 여러 가지 방법으로 돈을 벌고 재산을 늘린 사람들의 이야기와 부를 축적하고 관리하는 자세한 방법을 담은 글입니다. 그 가운데 이런 말이 있습니다.

청렴한 관리는 오래가고, 오래가면 더욱 부자가 된다.

청렴한 관리는 오랫동안 관직 생활을 할 수 있고, 오랫동안 관직 생활을 하면 아무리 박봉을 받더라도 저축해서 부자가 될 수 있다는 말입니다. 결국 관리에게 청렴이라는 덕목은 도덕적인 의무일 뿐 아니라 부자가 되는 안전한 방법이기도 하다는 것입니다. 「화식전」에는 또 이런 말도 있습니다.

탐욕스러운 상인은 3할의 이익을 얻고, 청렴한 상인은 5할의 이익을 얻는다.

상인은 관리와 달리 본질상 이익을 추구하는 존재입니다. 탐욕은 상인의 원동력이며, 청렴한 상인이란 모순적인 말입니다. 그런데 탐욕스러운 상인은 3할의 이익밖에 얻지 못하고 청렴한 상인은 5할의 이익을 얻는 이유는 무엇일까요.『한서』의 주석에 따르면 그 이유는 이렇습니다.

탐욕스러운 상인은 물건이 귀해지면 팔지 않으려 합니다. 이렇게 유통을 막으면 간혹 큰 이익을 보기도 하지만 과욕을 부리다가 때를 놓치는 경우도 있습니다. 결국 길게 보면 이익이 적습니다. 반면 청렴한 상인은 물건이 귀해지면 때를 놓치지 않고 아낌없이 팔아 버립니다. 이익을 많이 얻으려는 욕심이 없어 고객에게 신뢰를 얻고, 물건을 막힘없이 유통시키니 위험 부담도 적습니다. 적절한 이윤과 원활한 유통이 장기적으로 많은 이익을 가져다주는 것입니다.

월급을 받든 장사를 하든, 작은 이익이라도 오랫동안 꾸준히 모으는 것이 역사가 증명한 부자 되는 비결입니다. 그런데 사람들은 빨리 부자가 되려는 욕심에 역사가 보증하는 진리를 따르지 않고 대박의 신화를 좇으려 합니다. 역사는 항상 반복되지만 신화는 두 번 다시 반복되지 않습니다.

貪賈三之, 廉賈五之.
탐 고 삼 지　염 고 오 지

탐욕스러운 상인은 3할의 이익을 얻고, 청렴한 상인은 5할의 이익을 얻는다.『한서』

조선 시대에 돈을 많이 모은 노비가 주인에게 천 냥을 주면서 노비 신분에서 해방시켜 달라고 졸랐습니다. 교활한 주인은 너그러운 척 이렇게 말했습니다.

"아무리 노비라지만 어찌 한 사람의 몸값으로 천 냥이나 받을 수 있겠느냐. 내가 한 냥을 줄 테니 하루에 두 배씩 이자를 다오. 첫날은 한 냥, 둘째 날은 두 냥, 셋째 날은 넉 냥, 이렇게 한 달만 하자."

노비가 생각해 보니 한꺼번에 천 냥을 주는 것보다 유리할 것 같아 그렇게 하자고 했습니다. 하지만 하루에 두 배씩 이자가 늘어나면 한 달이 지나 갚아야 할 돈은 2의 30승, 무려 10억 7374만 1824냥입니다. 10억 냥이 넘는 이자를 감당하지 못한 노비는 재산을 모두 버린 채 도망치고 말았습니다. 이극성의 『형설기문』에 나오는 이야기입니다.

살다 보면 어쩔 수 없이 돈을 빌려 써야 하는 경우가 있습니다. 돈을 빌려 쓰고 적당한 이자를 붙여 갚는 것이야 경제 활동의 일환이니 금지할 수는 없습니다. 문제는 원금의 몇 배로 늘어난 이자를 감당하지 못하고 빚의 노예가 되는 사람이 생긴다는 것입니다.

중국 송나라의 원채(袁采)라는 사람이 가정의 교훈을 기록한 책 『원씨세범(袁氏世範)』에 나오는 말입니다.

사람들이 과감히 빚을 지는 이유는 훗날 여유가 생기면 갚을 수 있을 것이라 생각하기 때문이다. 하지만 지금 여유가 없는데 훗날이라고 어찌 여유가 있겠는가. 100리 길을 50리씩 나누면 이틀 만에 갈 수 있다. 하지만 오늘 가야 하는 길을 내일 한꺼번에 가려고 하면 아무리 노력해도 갈 수가 없다. 멀리 내다보는 안목이 없어 눈앞의 여유를 찾느라 훗날을 위해 저축하지 않는 사람치고 파산하지 않는 경우가 없으니, 이를 거울삼아야 한다.

빚을 지는 사람은 나중에 여유가 생기면 갚을 수 있을 것이라고 생각합니다. 하지만 지금 없는 여유가 훗날이라고 쉽게 생길 리 없습니다. 어떻게든 되겠지 하는 막연한 생각은 결코 해결책이 될 수 없습니다. 더구나 빚에는 이자가 붙기 마련이니, 빚으로 모면한 위기는 언젠가 더 큰 부담으로 돌아올 것이 분명합니다. 빚을 지는 것은 불가피한 선택일 뿐 좋은 선택이 아닙니다.

今日之無寬餘, 他日何爲而有寬餘.
금 일 지 무 관 여   타 일 하 위 이 유 관 여

지금 여유가 없는데 훗날이라고 어찌 여유가 있겠는가.『원씨세범』

110 가진 손아귀의 힘이 더 세다

사회 양극화가 심해지면서 사회 현상을 가진 사람과 못 가진 사람의 대립으로 보는 관점이 대세입니다. 못 가진 사람은 가지려 하고, 가진 사람은 잃지 않으려 하므로 이들이 충돌하면서 여러 가지 사회 문제가 일어난다는 것입니다.

그런데 못 가진 사람이 가지려는 욕심과 가진 사람이 잃지 않으려는 욕심 중에 어느 것이 더 강할까요? 만약 가지려는 욕심이 잃지 않으려는 욕심보다 강하다면, 가진 사람과 못 가진 사람의 자리는 자주 바뀌어야 할 것입니다. 하지만 현실은 그렇지 않습니다. 가진 사람과 못 가진 사람의 자리는 좀처럼 바뀌지 않습니다. 따라서 가지려는 욕심보다 잃지 않으려는 욕심이 더 강하다는 사실을 알 수 있습니다.

공자가 말했습니다.

부귀를 얻기 전에는 얻지 못하는 것을 근심하고, 부귀를 얻고 나서는 잃는 것을 걱정한다. 만약 잃는 것을 걱정하면 못하는 짓이 없게 된다.

『논어』「양화(陽貨)」에 나오는 말입니다. 공자는 못 가진 사람이 가지려는 욕심을 근심 환, 얻을 득, 환득(患得)이라 하고, 가진 사람이 잃지 않으려는 욕심을 근심 환, 잃을 실, 환실(患失)이라 일컬었습니다. 공자는 환득보다 환실을 경계해야 한다고 하였습니다. 잃는 것을 걱정하면 못하는 짓이 없기 때문입니다.

부와 권력은 모든 사람이 바라는 것입니다. 방법이 정당하다면 부와 권력을 추구하는 행위는 나쁘다고 할 수 없습니다. 그런데 정당한 방법으로 부와 권력을 추구하던 사람도 일단 부와 권력을 얻고 나면 잃지 않기 위해 수단 방법을 가리지 않게 됩니다.

"잃는 것을 걱정하면 못하는 짓이 없게 된다."라는 공자의 말은 못 가진 사람이 가지려는 욕심보다 가진 사람이 잃지 않으려는 욕심이 더 강하다는 사실을 확인해 줍니다. 그리고 못 가진 사람이 가지려는 욕심보다 가진 사람이 잃지 않으려는 욕심이 더 큰 문제라는 사실도 함께 짚어 줍니다.

苟患失之, 無所不至矣.
구 환 실 지　무 소 부 지 의

만약 잃는 것을 걱정하면 못하는 짓이 없게 된다.『논어』

111 좋은 물건은 싸지 않다

우리 고전 중에 『박통사(朴通事)』라는 책이 있습니다. 고려 시대에 만들어진 중국어 회화 책입니다. 박통사의 통사는 오늘날의 통역관을 말합니다. 그러니까 박통사는 박씨 성을 가진 통역관이라는 뜻이지요. 『박통사』는 고려 말부터 조선 말까지 중국어를 배우는 사람이라면 반드시 공부해야 하는 책이었습니다.

이 책은 고려 사람이 중국을 여행하면서 만나는 중국 사람들과 대화하는 형식으로 이루어져 있습니다. 길을 묻고, 숙소를 잡고, 음식을 주문하고, 시장에서 물건을 사는 등 여러 가지 상황에서 필요한 중국어 회화가 실려 있습니다. 어림잡아 700년은 된 책인데, 요즘 외국어 회화 책과 비슷합니다. 이 책에는 실제로 중국에 갔을 때 생김직한 상황이 묘사되어 재미있는 내용이 많습니다. 그중 물건값을 흥정하는 상황을 묘사한 부분에 이런 말이 있습니다.

좋은 물건은 싸지 않고, 싼 물건은 좋지 않다.

싼 게 비지떡이라는 속담을 연상케 하는 말입니다. 값이 싸면서 품질이 좋은 물건도 있고, 값만 비싸고 품질이 기대에 못 미치는 물건도 간혹 있긴 합니다. 하지만 시장 원리가 제대로 작동한다면 좋은 물건은 값이 비싸고 좋지 않은 물건은 값이 싸야 정상입니다. 그런데 우리는 종종 이 사실을 잊곤 합니다. 판매자는 좋지 않은 물건을 비싸게 팔려 하고, 구매자는 좋은 물건을 값싸게 사려고 합니다.

조선 중기 정치가 이산해(李山海)가 말했습니다.

모든 물건은 가격이 높아도 팔기 어려우면 이익이 되지 않는다.

이산해의 『아계유고(鵝溪遺稿)』에 나오는 내용입니다. 판매자는 가급적 높은 가격을 받으려 하지만, 높은 가격이 판매자에게 유리한 것만은 아닙니다. 손님이 없어 팔 수가 없는 상황이라면 가격만 올린다고 해결될 문제가 아닙니다. 가격이 높아도 팔기 어려우면 이익이 되지 않습니다. 마찬가지로 낮은 가격이 소비자에게 반드시 유리한 것만은 아닙니다. 재화의 질과 서비스의 하락을 감수해야 하기 때문입니다. 싼 물건은 좋지 않고 좋은 물건은 싸지 않습니다. 모든 일은 그에 상응하는 대가를 치러야 합니다.

好物不賤, 賤物不好.
호 물 불 천   천 물 불 호

좋은 물건은 싸지 않고, 싼 물건은 좋지 않다. 『박통사』

112 국부를 보관하는 곳

만약 여러분에게 돈이 많이 있다면 어디에 보관하시겠습니까? 장롱 속
깊이 넣어 두는 분도 있을 테고, 안전하게 은행에 맡기고 이자까지 챙기
는 분도 있을 것입니다. 만약 떳떳지 못한 돈이라면 마늘 밭에 묻어 둘
지도 모르겠습니다. 모두 나름대로 돈을 보관하는 방법이긴 한데, 그보
다 더 좋은 방법은 돈을 그냥 보관해 두는 데 머물지 않고 적극적으로
투자해서 불리는 것입니다. 이는 개인에게만 해당하는 것이 아니라 국가
의 경우도 마찬가지입니다.

예로부터 국가의 재산, 즉 국부(國富)는 창고에 보관하는 것이 아니
라 백성에게 보관한다고 하였습니다. 백성에게 보관한다는 것은 백성에
게 나누어 주어 백성의 삶을 향상하는 데 투자한다는 뜻입니다. 이것을
'부장우민(富藏于民)'이라고 합니다. 부유할 부, 감출 장, 어조사 우, 백성
민. 국부를 백성에게 보관한다는 말입니다.

『한비자』「십과(十過)」편에 "성인이 나라를 다스리면 국부를 창고에
보관하지 않고 백성에게 보관한다."라는 말이 있습니다. 부국강병을 추구
했던 전국 시대 사상가 한비자조차 이처럼 국부를 나라만의 소유로 보
지 않고 백성들에게 베풀 것을 주장했습니다.

전국 시대의 또 다른 사상가 순자도 이렇게 말했습니다.

왕도 정치를 하는 나라는 국부를 백성에게 보관하고, 패도 정치를 하는 나라는 국부를 군사에게 보관하며, 간신히 연명하는 국가는 국부를 지배층에 보관하고, 망하는 나라는 국부를 상자에 담아 창고를 채운다.

『순자』「왕제(王制)」편에 나오는 말입니다. 국부를 국고에만 넣어 두거나 특정 계층에 몰아주는 것은 결코 좋은 방법이 아닙니다. 국부는 국민에게 투자해서 나라 전체의 생활 수준을 실제로 나아지게 할 때 비로소 안전하게 보관되고, 또 늘어날 수 있습니다.

王者富民.
왕 자 부 민

왕도 정치를 하는 나라는 국부를 백성에게 보관한다.『순자』

113 부자가 되는 일곱 가지 방법

19세기 조선의 백과사전 『오주연문장전산고』에 「유속격언변증설(牖俗格言辨證說)」이라는 글이 있습니다. 백성의 풍속을 바꿀 수 있는 격언을 모은 것입니다. 여기에 반드시 부자가 되는 일곱 가지 방법이라 해서 귀에 솔깃한 내용이 있습니다. 하나씩 살펴보겠습니다.

첫째는 근구검용(勤求儉用)입니다. 부지런히 일하고 절약하라는 말입니다. 부자가 되기 위한 첫 번째 조건은 예나 지금이나 오직 근검절약뿐입니다.

둘째는 견예광학(見藝廣學)입니다. 볼 견, 재주 예, 넓을 광, 배울 학, 즉 남들의 재주를 보고 널리 배우는 것입니다. 근검절약만으로는 부자가 될 수 없습니다. 부단한 자기 계발로 능력을 키워 자신의 몸값을 높여야 합니다.

셋째는 불미주색(不迷酒色)입니다. 술과 여색에 미혹되지 말라는 말입니다. 돈을 아무리 많이 벌어도 유흥비로 탕진하면 소용이 없습니다.

넷째는 불흠채부(不欠債負)입니다. 부채를 떼먹지 말라는 말입니다. 빚을 지지 않는 것이 가장 좋지만, 어쩔 수 없이 빚을 졌다면 반드시 빨리 갚아야 합니다. 빚을 빨리 청산하지 않으면 이자가 불어나 더 큰 출혈을 초래합니다.

다섯째는 자제일심(子弟一心)입니다. 온 가족이 한마음 한뜻이 되어야 한다는 말입니다. 가족 구성원이 목표를 공유하고 아울러 화목한 가정을 이룬다면 부자가 되는 것은 물론 행복한 삶을 누릴 수 있습니다.

여섯째는 주모불녕불(主母不佞佛)입니다. 주모가 부처에게 아첨하지 말아야 한다는 말인데, 여기서 주모는 주막에 있는 주모가 아니라 집안 살림을 주관하는 부인을 뜻합니다. 가정 경제를 책임진 사람이 잘못된 종교 생활로 재산을 낭비하면 안 된다는 것입니다.

일곱째는 제부화해(諸婦和諧)입니다. 며느리들이 화목해야 한다는 말입니다. 부자는 애써 일군 부를 지키기 위해 자녀 교육을 철저히 합니다. 새로 가족이 된 사위와 며느리에게도 요구하는 것이 많습니다. 이들이 서로 불화하고 반목하면 결코 부를 지킬 수 없기 때문입니다.

이상은 옛사람이 말한 반드시 부자가 되는 일곱 가지 방법입니다. 지금도 여전히 유효한 이 일곱 가지의 핵심은 단순합니다. 바로 한탕으로 부자가 되겠다는 욕심을 버리고 기본에 충실하는 것입니다.

必富之術有七.
필 부 지 술 유 칠

반드시 부자가 되는 일곱 가지 방법이 있다. 『오주연문장전산고』

114 가난해지는 열 가지 방법

앞에서 이어 같은 책에 실려 있는 '반드시 가난해지는 열 가지 방법'에 대해 말씀드리겠습니다.

첫째는 조와만기(早臥晚起)입니다. 일찍 자고 늦게 일어난다는 말입니다. 일찍 자고 늦게 일어나면 잠꾸러기지요. 깨어 있는 시간이 많아야 돈을 벌 시간도 많은 법입니다. 잠꾸러기는 반드시 가난해집니다.

둘째는 가유나부(家有懶婦)입니다. 집안에 게으른 부인이 있다는 말입니다. 밖에서 아무리 돈을 많이 벌어 와도 가정 경제를 책임진 사람이 게으르면 가난해집니다.

셋째는 작채추배(作債追陪)입니다. 부채를 지고는 갑절로 갚는다는 말입니다. 경우에 따라 빚을 질 수도 있지만, 빚은 가급적 빨리 청산해야 합니다. 빚을 지고 비싼 이자를 물면 가난해집니다.

넷째는 포살음식(抛撒飲食)입니다. 음식을 마구 버린다는 말입니다. 부자가 되는 첫걸음은 절약입니다. 매일 먹는 음식조차 아까운 줄 모르면 가난해집니다.

다섯째는 낭자미곡(狼藉米穀)입니다. 쌀을 함부로 쓴다는 말입니다. 옛날에는 다들 가난했지만 그래도 추수철에는 곳간에 쌀이 가득했습니다. 아무리 가난해도 잠시나마 풍족할 때가 있기 마련인데, 이런 때 아낄 줄 모르고 함부로 쓰면 가난해진다는 말입니다.

여섯째는 기업축락(棄業逐樂)입니다. 생업을 팽개치고 유흥에 탐닉한다는 말입니다. 쾌락만을 좇는 자의 말로는 가난뿐입니다.

일곱째는 다축애총(多畜愛寵)입니다. 원래는 첩을 많이 둔다는 뜻인데, 좋아하는 물건을 많이 모은다는 말로도 해석할 수 있습니다. 돈 쓸 데가 많으면 당연히 가난해집니다.

여덟째는 천이부지(遷移不止)로, 이사 다니기를 그만두지 않는다는 말입니다. 가난한 사람들이 어쩔 수 없이 이사를 많이 다니긴 하지만, 그럴수록 더욱 가난해지기 마련입니다.

아홉째는 결납권귀(結納權貴)로, 권세 있는 사람과 결탁한다는 말입니다. 권력과 결탁하는 사람은 이것이 부자가 되는 가장 확실한 방법이라고 여기지만, 사실은 가장 위험한 방법입니다. 권력은 부침을 거듭하기 마련이므로 권력과의 결탁은 통제할 수 없는 위험을 떠안는 행위입니다.

열번째는 다작음교(多作淫巧)로, 음흉하고 교활한 짓을 많이 한다는 말입니다. 돈 욕심에 술수를 부리는 것 역시 위험이 따르는 일입니다.

이상 열 가지는 모두 하면 안 된다고 알고 있는 것들입니다. 부자가 되는 방법도 가난해지는 방법도 모두 상식을 벗어나지 않습니다.

須貧之目有十.
수 빈 지 목 유 십

반드시 가난해지는 열 가지 방법이 있다.『오주연문장전산고』

115 부자는 많은 사람의 원망을 받는다

경기 침체에 대한 우려가 사그러들지 않고 있습니다. 경기 침체는 빈익 빈 부익부 현상을 야기하여 빈부 격차를 심화합니다. 빈부 격차가 심화되면 부자에게 불만과 분노를 품는 사람이 늘어나기 마련입니다. 『성호사설』에 나오는 말입니다.

부자는 많은 사람의 원망을 받는다는 말이 있다. 내가 내 돈을 모으는데 무엇이 남에게 해로우랴마는, 남은 없는데 나만 있으면 해치려는 자가 생기고, 남은 잃는데 나만 얻으면 화를 내는 자가 생기며, 남은 바라는데 내가 인색하면 서운해하는 자가 생긴다. 그런데도 혼자서만 부를 누리면 원망이 모여들게 마련이다. 원망이 극에 달하면 비방이 생기고, 비방이 생기면 재앙이 싹트고, 재앙이 싹트면 결국 죽게 되는데도 스스로 깨닫지 못한다.

재물이 있으면 권력이 생긴다. 권력이 있으니 겉으로는 좋아하는 척 해도 속으로는 미워하며, 앞에서는 아첨하고 뒤에서는 욕하면서 온갖 방법으로 선동하니 악이 쌓여서 풀 수가 없게 된다.

요즘 돈 있는 집의 인색하고 잘못된 행동이 알려져 이야깃거리가 된다. 실제로는 그렇지 않은데도 그 집은 결국 잘되지 못하고 후손이 끊어지거나 재앙을 당하는 경우가 많다. 여러 사람의 입은 쇠라도 녹이고 비방이 쌓이면 뼈까지 삭는 법이다. 요즘 재물을 탐내는 사람들은 훗날 이렇게 될 줄을 전혀 모르고 있으니, 비웃을 만한 일이다.

자본주의 사회에서 정당하게 부를 축적하는 행위는 비난받을 일이 아닙니다. 하지만 제아무리 떳떳한 부자라도 부자에게 불만을 품은 많은 사람들의 비난을 면하기 어려운 것이 사실입니다. 입으로만 불평해도 그 여파가 적지 않은데, 행동으로 나타나면 그 후폭풍은 감당할 수 없을 것입니다. 가난한 사람들을 모두 적으로 삼고도 부를 유지할 수 있다고 생각하면 큰 착각입니다. 빈부 격차가 시장 경제를 망칠 수 있다는 경고에 귀를 기울여야 합니다.

人無而我有, 忮之者至矣, 人失而我得, 怒之者至矣, 人仰
인 무 이 아 유   기 지 자 지 의   인 실 이 아 득   노 지 자 지 의   인 앙
而我嗇, 慊之者至矣.
이 아 색   겸 지 자 지 의

남은 없는데 나만 있으면 해치려는 자가 생기고, 남은 잃는데 나만 얻으면 화를 내는 자가 생기며, 남은 바라는데 내가 인색하면 서운해하는 자가 생긴다.『성호사설』

116 일자리 없는 사람의 어려움

일하는 것도 일자리를 구하는 것도 포기한 20대가 몇 년째 높은 수준을 기록하고 있습니다. 과거에는 이 같은 실업자를 한민(閒民)이라고 하였습니다. 한가로울 한에 백성 민으로, 일정한 생업이 없는 한가로운 백성이라는 뜻입니다. 하지만 실업자는 결코 한가한 사람들이 아닙니다. 다산 정약용의 『경세유표』 중 한 대목입니다.

> 한민이 적으면 안 된다. 한민이 있어야 임금을 주고 일을 시킬 사람이 있고, 한민이 있어야 이곳저곳을 옮겨 다니면서 일할 사람이 있다. 한민은 경우에 따라 농사를 돕기도 하고 임야를 관리하기도 하며 상공업과 목축을 돕기도 한다. 그들이 몸으로 하는 수고는 일정한 직업이 있는 백성보다 더하다. 단지 일정한 직업이 없기 때문에 한민이라고 하는 것이지, 대낮에 자리에 누워 한 해 내내 한가롭게 잠만 자는 사람이 아니다.

한민, 즉 실업자가 적으면 안 된다는 주장은 언뜻 이해가 가지 않지만, 사회 유동성과 경제 성장을 위해서는 적정 수준의 실업자가 존재해야 한다는 것이 경제학의 상식입니다. 지금은 적정 수준을 넘어선 상태지만 이들 중 상당수는 좋은 일자리를 구하기 위한 준비에 몰두하고 있다고 하니 젊은이들이 미래를 포기한 채 마냥 놀고 있다고 오해해서는 곤란합니다. 이들이 시달리고 있는 불안감과 자괴감은 몸으로 하는 수고보다 더할지도 모릅니다. 생계를 위해 통계에도 잡히지 않는 일을 하면서 취업 준비를 병행하는 젊은이들도 적지 않습니다.

흔히들 눈높이를 낮추라고 하지만, 눈높이를 낮춰서 취직하면 좋은 일자리를 구할 기회는 사라지고 마는 것이 현실입니다. 정부에서는 고졸 취업자 우대 정책을 실시하는 등 대책 마련에 부심하고 있습니다. 하지만 대졸자가 전 국민의 70퍼센트를 넘는 마당에 정말 필요한 것은 고졸만 얻을 수 있는 일자리가 아니라, 학력에 관계없이 능력만으로 얻을 수 있는 좋은 일자리입니다.

其筋力勞苦, 有甚於常職之民.
기 근 력 노 고   유 심 어 상 직 지 민

그들이 몸으로 하는 수고는 일정한 직업이 있는 백성보다 더하다. 『경세유표』

117 돈과 목숨을 바꾼 이야기

중국 영주(永州) 땅 사람이 돈 천 냥을 허리에 차고서 배를 타고 강을 건너게 되었습니다. 그런데 강 한가운데에서 배가 부서져 가라앉고 말았습니다. 함께 탄 사람들은 모두 헤엄을 쳐서 뭍으로 올라갔습니다. 그런데 영주 땅 사람만은 허리에 찬 돈이 너무 무거워서 헤엄을 칠 수가 없었습니다. 이를 지켜보던 사람들이 빨리 돈을 버리라고 소리쳤습니다. 하지만 그는 끝내 돈을 버리지 못하고 머뭇거리다가 결국 물에 빠져 죽고 말았습니다. 중국 당나라 유종원의 「물에 빠져 죽은 사람을 애도하는 글(哀溺文)」에 나오는 이야기입니다.

천 냥이면 엄청난 돈입니다. 버리기 어려운 심정은 충분히 이해가 갑니다. 그렇지만 아무리 큰돈이라도 목숨과는 바꿀 수 없습니다. 돈 천 냥이 아까워 목숨을 잃은 영주 사람은 어리석은 사람이 분명합니다.

이보다 더 어리석은 사람도 있습니다. 조선 후기의 일입니다. 초겨울이라 강에 얇은 얼음이 생겼는데, 걸어서 건널 수도 없고 배를 타고 건널 수도 없어 사람들이 곤란해하고 있었습니다. 그런데 어떤 뱃사공이 얼음을 깨서 뱃길을 만들고는 사람마다 한두 푼씩 뱃삯을 받고서 강을 건너게 해 주었습니다. 사람들은 모두 기꺼이 뱃삯을 내고 강을 건넜습니다.

이때 한 시골 사람이 보니, 얼음이 얇기는 하지만 조심조심 건너면 괜찮을 것 같아 걸어서 강을 건너기로 했습니다. 하지만 그는 반도 못 가 얼음이 깨지면서 물에 빠져 죽었습니다. 무명자 윤기의 「협리한화(峽裏閒話)」에 나오는 이야기입니다.

돈 천 냥이 아까워 목숨을 잃은 중국 영주 사람도 어리석지만, 한두 푼밖에 안 되는 뱃삯을 아끼느라 귀한 목숨을 잃은 시골 사람은 더욱 어리석은 사람입니다. 그렇지만 귀찮고 번거롭다는 이유로 사소한 수고와 비용을 아끼느라 자기도 모르게 큰 위험을 무릅쓰는 사람은 실제로 결코 적지 않습니다. 아무 일도 일어나지 않는다면 그나마 다행이지만, 만약 큰 사고가 터지면 그때 들어가는 수고와 비용은 처음과 비교할 수 없을 정도로 큽니다. 소탐대실(小貪大失)입니다. 작은 것을 탐내다가 큰 것을 잃기 마련입니다.

以身試危, 基死豈不宜乎.
이 신 시 위   기 사 기 불 의 호

몸으로 위험을 시험하면 죽는 것이 당연하지 않겠는가.『무명자집』

118 노동의 정당한 대가

관청이나 회사에서 잔심부름을 시키기 위해 고용한 사람을 사환(使喚)이라고 합니다. 시킬 사에 부를 환, 불러다 일을 시키는 사람이라는 뜻인데요. 지금 40대가 넘은 분들에게는 익숙한 용어일 것입니다. 1980년대까지만 해도 사무실마다 사환이 있어서 사무실 정리나 청소, 커피 타기, 복사 등등 직원들의 잔일을 대신 해 주었습니다. 쥐꼬리만 한 월급을 받으며 온갖 허드렛일을 도맡아 하는 사환은 고달픈 신세였지만, 오랫동안 근무하다 보면 성실성과 능력을 인정받아 정식 직원으로 채용되기도 했습니다. 이런 점에서는 지금의 인턴과 비슷하다고 하겠습니다.

조선 시대 관청에도 잡다한 업무를 도맡아 하는 사환과 같은 존재가 있었습니다. 사령(使令)이라고 하는 아전입니다. 그런데 당시 사령은 대부분 정해진 급료가 없었습니다. 급료도 받지 못하면서 업무를 보는 이들을 무급 사령이라고 합니다. 조선 후기 학자 송덕상(宋德相)이 무급 사령의 폐단을 지적했습니다.

지방 관청의 아전은 모두 급료가 없는데 부지런히 일을 하라고 요구한다. 이들은 관청에서 받는 것이 없으니, 입고 먹는 것은 실 한 오라기 곡식 한 알까지도 모두 스스로 마련해 가며 일해야 한다. 이것만으로도 불쌍한데 여기에 세금을 조사하고 돈과 곡식을 관리하는 업무까지 맡긴다. 그러므로 세금을 조사하면 농간을 부리고 돈과 곡식을 관리하면 손을 대는 것이다. 윗자리에 있는 사람은 청렴하지 않다고 탓하지만, 이것은 도둑질을 가르쳐 놓고서 도둑질을 한다고 의심하는 것이나 마찬가지이다.

무급 사령은 급료가 없으니 부정에 쉽게 노출되기 마련입니다. 송덕상은 이들의 부정 행위를 탓하기 앞서 일의 대가를 주지 않는 잘못된 관행을 꼬집었습니다.

훗날 취업에 유리할 것이라는 핑계로 최소한의 임금도 지불하지 않고 청년 실업자를 인턴으로 쓰는 기업들이 있습니다. 조선 시대 무급 사령과 달리 지금의 인턴은 부정을 저지를 여건조차 되지 않으니 더욱 거리낄 것이 없는 모양입니다. 정당한 노동의 대가를 지급하지 않는 것은 노동력을 도둑질하는 행위입니다.

教之盜而疑其盜.
교 지 도 이 의 기 도

도둑질을 가르쳐 놓고서 도둑질을 한다고 탓한다. 『과암집』

119 한쪽의 이익은 다른 한쪽의 손해

승자의 득점과 패자의 실점을 합치면 영(0)이 되는 게임을 제로섬 게임이라고 합니다. 누군가 이득을 보면 다른 누군가는 그만큼 손해를 입는다는 뜻이지요.

경제 성장이 지속되는 상황이라면 모든 시장 참여자들이 이득을 보는 이른바 플러스섬 게임이 가능하지만, 경제 성장이 정체기에 접어들면 한쪽이 이득을 보는 만큼 한쪽은 손해를 입는 제로섬 게임이 벌어지게 됩니다. 이미 경제 규모가 세계 10위에 올라 더 이상의 고속 성장이 어려운 우리나라의 경제 상황은 이미 제로섬 게임에 접어들었다고 하겠습니다. 『한비자』「내저설(內儲說)」에 나오는 말입니다.

어떤 사건이 일어나서 이득을 보는 사람이 있다면 이득을 보는 사람이 주도하여 사건을 일으킨 것이다. 반대로 손해를 입는 사람이 있다면 반드시 그 반대편을 살펴보아야 한다. 그러므로 현명한 군주는 나라가 손해를 입으면 이득을 보는 사람을 조사하고, 신하가 손해를 입으면 그 반대편에 있는 사람을 조사한다.

『한비자』에서는 제로섬 게임의 원리에 따라 국가가 당면한 문제의 원인과 해결책을 찾는 방법을 제시하고 있습니다. 제로섬 게임에서는 이득을 보는 사람이 있으면 손해를 입는 사람이 있고, 손해를 입는 사람이 있으면 이득을 보는 사람이 있기 마련입니다. 대기업과 중소기업의 격차가 심해지고, 대기업이 골목 상권으로 영역을 확장하면서 자영업자들이 몰락하는 현상도 제로섬 게임으로 설명할 수 있습니다. 그런데도 정부는 재벌과 대기업이 성장해야 서민과 중소기업에게도 혜택이 돌아간다며 이른바 낙수 효과를 기대합니다. 결과는 몇몇 재벌로의 경제력 집중, 그리고 소상공인과 자영업자 같은 서민들의 경기 불황입니다.

대기업은 경제 생태계의 최상위에 자리한 존재입니다. 최상위 포식자인 육식 동물이 하위에 있는 초식 동물과 먹이를 다툰다면 당장은 수월하게 배를 불릴 수 있겠지만 이로 인해 생태계가 무너지는 것은 시간문제입니다.

有所害, 必反察之.
유 소 해   필 반 찰 지

손해를 입는 사람이 있다면 반드시 그 반대편을 살펴보아야 한다.『한비자』

120 백성의 요행은 나라의 불행

경제가 어려우면 어려울수록 호황을 누리는 산업이 있습니다. 바로 사행 산업입니다. 복권, 카지노, 경마처럼 한탕을 노리는 사행 산업은 요즘 같은 경기 침체에도 지속적인 성장을 보이고 있다고 합니다.

사행 산업을 엄격히 감독할 책임이 있는 정부에서는 오히려 내수 활성화와 해외 자본 유치라는 명분을 내세우며 수익금의 일부를 공익 목적으로 쓴다거나 건전한 여가 활동을 장려한다고 변명합니다. 하지만 도박 폐인을 양산하고 나아가 가정을 파괴하는 부작용을 고려하면 사행 산업은 득보다 실이 많습니다. 무엇보다 사행 산업은 사회 전반에 요행을 바라는 분위기를 조성한다는 점에서 심각한 문제입니다.

『춘추좌씨전』에 다음과 같은 말이 있습니다.

선한 사람이 윗자리에 있으면 나라에 요행을 바라는 백성이 없어진다. 속담에 "백성에게 요행이 많으면 나라의 불행이다."라고 하였으니, 이는 선한 사람이 없다는 뜻이다.

중국 춘추 시대 진(晉)나라에 청렴하고 강직하기로 유명한 범회(范會)라는 사람이 있었습니다. 그가 나라를 다스리자 도둑들이 모두 이웃

나라로 달아났습니다. 도둑은 요행을 바라는 사람입니다. 남의 물건을 훔치면 벌을 받는 것이 당연한데, 자신만은 잡히지 않길 바라기 때문입니다. 하지만 범회가 다스리는 나라에서는 요행이 통하지 않았기에 도둑이 모두 자취를 감추었던 것입니다.

요행이 통하지 않는 사회에서는 사람들이 법을 어기지 않고 열심히 땀 흘려 일하게 됩니다. 노력한 만큼의 대가가 따른다고 믿기 때문입니다. 반면 노력만큼 대가를 받지 못하거나, 노력보다 많은 대가를 받는 일이 비일비재하다면 모두가 노력은 하지 않고 요행만 바랄 것입니다. 노력해도 아무런 희망이 보이지 않는 사회에서는 사람들이 요행을 바라며 사행 산업에 빠져들게 됩니다. 도박 중독의 책임을 개인에게만 물을 수 없는 이유가 바로 이것입니다.

더도 덜도 말고 노력한 만큼 반드시 정당한 대가가 따르는 사회라면, 요행을 바라는 사람은 저절로 사라질 것입니다.

民之多幸, 國之不幸.
민 지 다 행   국 지 불 행

백성에게 요행이 많으면 나라의 불행이다. 『춘추좌씨전』

121 손해 없는 일이 어디 있겠는가

가계 부채의 심각성을 경고하는 목소리가 커지고 있습니다. 가계 부채의 상당 부분은 주택 담보 대출이라고 하는데요. 막연히 집값이 오를 것으로 기대하고 소득에 비해 지나치게 많은 대출을 받은 사람도 문제지만, 부동산 경기에 편승해서 마구잡이로 대출을 늘린 은행도 책임을 피할 수 없습니다. 하지만 은행은 잃을 것이 없다는 생각 때문인지 대책 마련에 미온적인데, 잘못하면 큰코다칠 수 있습니다.

돈을 꾸어 주는 쪽도 얼마든지 위험에 빠질 수 있다는 사실, 무명자 윤기가 「가금(家禁)」이라는 글에서 자세히 말했습니다.

빚을 꾸어 주면 이익이 크다. 이자에 이자가 붙으면 온 나라의 재물을 다 차지할 수 있을 정도이다. 그러므로 땅과 집을 팔면서까지 빚을 꾸어 주는 사람도 있고, 다른 사람의 물건을 빌려다 빚을 꾸어 주는 사람도 있는데, 나중에 이자를 받아서 다시 사들이거나 갚으려는 생각이다. 꾸어 준 사람은 물건을 담보로 잡거나 보증 서는 사람이 있으면 잃지 않을 것이라고 여긴다. 하지만 천하의 일은 뜻대로 되지 않는 법이다. 세상에 공연히 이익만 많고 손해가 없는 일이 어디 있겠는가.

빌려 간 사람이 갚지 않으면 관청에 소송하겠지만 지나치게 많은 이자는 관청에서도 받아 주려 하지 않으므로 태반은 잃게 된다. 그리고 오랜 뒤에야 빚을 받아 낸다면 이익이 되지도 않고 제때 쓰지도 못하므로 망하고 말 것이다. 얻는 것이라곤 빚을 꾸어 주고 이자를 받았다는 비난뿐이다. 목전의 이익을 탐하다가 끝없는 손해를 입는 줄도 알지 못하니. 너무도 생각이 없다.

아무리 높은 이율로 돈을 빌려 주어도 빌려 간 사람이 갚지 않거나 늦게 갚으면 손해입니다. 얻는 것이라곤 이자 놀이를 했다는 비난뿐입니다. 지금 은행들은 대출받은 서민들이 불어나는 이자에 허덕이는 모습을 보면서 수수방관하고 있습니다. 지난 외환 위기 때 국민에게 손을 벌려 간신히 위기를 모면한 경험은 잊어버린 모양입니다.

세상에 이익만 있고 손해가 없는 일은 없다고 하였습니다. 은행이 사회적 책임과 공공의 역할을 포기한 사채업자에 불과하다면 경제 위기가 다시 닥치더라도 국민들은 은행을 돕지 않을 것입니다.

世間安有公然利多而無害者乎.
세 간 안 유 공 연 리 다 이 무 해 자 호

세상에 공연히 이익만 많고 손해가 없는 일이 어디 있겠는가. 『무명자집』

조선 시대에도 남에게 고용되어 돈을 받고 일하는 임금 노동자가 있었습니다. 대개는 땅이 없어 농사를 지을 수 없는 가난한 사람들이었지만, 간혹 국가에서 대규모 토목 공사를 벌이면 농사짓던 사람들도 일당을 받고 일을 했습니다. 이들의 임금 수준은 과연 어떠했을까요.

노동의 강도와 숙련도에 따라 천차만별이긴 합니다만, 조선 후기 실학자 유형원(柳馨遠)의 『반계수록(磻溪隨錄)』에 따르면 임금 노동자의 일당은 쌀 다섯 되로 정해야 한다고 하였습니다. 한 사람이 하루에 먹는 쌀이 한 되 정도니까 한 사람이 하루 벌면 다섯 사람을 먹일 수 있습니다. 노동자 가족의 생계를 고려한 계산입니다.

1793년, 북한산성 보수 공사가 한창일 때의 일입니다. 이방일(李邦一)이라는 신하가 공사 현장을 둘러보고 와서 정조 임금에게 말했습니다.

이번 공사는 도성에 사는 백성을 고용해서 입에 풀칠할 밑천을 마련해 주고 있는데, 한 사람이 받는 품삯이 쌀 석 되와 돈 일 전뿐입니다. 이것은 일꾼 한 사람의 양식에 불과하니, 그들의 가족은 연명할 길이 없습니다.

『승정원일기』에 나오는 내용입니다. 일꾼에게 지급하는 품삯이 가족들을 먹여 살릴 정도는 되어야 한다는 주장입니다. 조선 후기 학자 김근행(金謹行)은 「서연강설」에서 중국의 예를 들어, 청나라 건륭제가 도로를 닦을 적에도 일꾼에게 지급한 품삯이 한 가족을 먹여 살리기 충분했다며 이 주장을 뒷받침했습니다.

또 구한말의 학자 김평묵(金平默)에 따르면, 당시 농가에서는 품팔이꾼에게 하루 세 끼를 먹여 주고 술 몇 잔을 주어 굶주리거나 목마르게 하지 않고, 때때로 옷을 지어 줘서 추위와 더위에 고생하지 않게 하며, 거기다 부모와 처자를 먹여 살릴 정도의 품삯을 주었습니다. 이처럼 과거에는 한 사람이 받는 임금이 한 가족을 먹여 살릴 정도는 되어야 한다고 여겼습니다. 그것이 노동자에 대한 정당한 대우라고 보았기 때문입니다.

현재의 최저 임금을 정부가 정한 최저 생계비에 대입해 보면 가족을 먹여 살리기는커녕 혼자 먹고살기도 빠듯합니다. 자기 혼자 먹고살 정도의 돈은 최저 임금이라 할 수 없습니다. 최저 임금은 한 사람의 노동으로 한 가족이 생활할 수 있는 수준으로 정해져야 합니다.

所給雇價, 足養役夫一家眷屬.
소 급 고 가   족 양 역 부 일 가 권 속

지급하는 임금이 일꾼의 한 가족을 먹여 살릴 만하다. 『용재집』

123 어떻게 원하는 것을 얻는가

미국 펜실베이니아 대학의 와튼 스쿨은 세계에서 손꼽히는 명문 경영 대학원입니다. 이곳에서 여러 해째 최고의 인기를 누리고 있는 강의가 '어떻게 원하는 것을 얻는가'라는 제목의 강의입니다. 상대방과의 협상을 통해 원하는 것을 얻어 내는 방법과 원리를 설명하는 강의입니다. 이 강의가 이렇게 높은 인기를 누리는 이유는 필시 누구나 원하는 것을 갖고 싶어 하는 마음이 있기 때문일 것입니다.

사람은 자기에게 없거나 부족한 것을 가지고 싶어 합니다. 모든 것을 다 가진 사람은 없으니, 누구라도 원하는 것이 하나쯤은 있기 마련입니다. 하지만 가지고 싶어 하는 마음이 아무리 간절해도 그것만으로는 원하는 것을 얻을 수 없습니다. 원하는 것을 얻기 위해서는 얻을 수 있는 방법을 찾아 행동에 옮겨야 합니다.

중국 한나라 학자 동중서(董仲舒)가 말했습니다.

연못에 서서 물고기를 탐내느니 뒤로 물러나 그물을 짜는 것이 낫다.

『한서』「동중서열전(董仲舒列傳)」에 나오는 말입니다. 연못에서 헤엄치는 물고기를 갖고 싶은 마음이 굴뚝 같아도 가만히 서서 바라보기만

해서는 소용이 없습니다. 물러나 그물을 짜서 물고기를 잡아야 합니다.

연못에 서서 물고기를 탐낸다. 한자로 임할 임, 못 연, 부러워할 선, 고기 어, 임연선어(臨淵羨魚)입니다. 임연선어는 원하는 것이 눈앞에 있는데 아무런 노력도 하지 않은 채 그저 보기만 하고 있는 태도를 비유하는 말입니다.

갖고 싶다는 마음은 간절하지만 방법을 찾을 수가 없다면 그것은 내 것이 아닙니다. 아쉽지만 포기해야 합니다. 하지만 아무리 가능성이 희박해도 방법만 있다면 이야기가 다릅니다. 원하는 것을 얻을 수 있는 방법이 있는데 포기할 이유가 없습니다. 원하는 것을 얻으려면 가만히 서 있지만 말고 그물을 만들어 던져야 합니다.

臨淵羨魚, 不如退而結網.
임 연 선 어　　불 여 퇴 이 결 망

연못에 서서 물고기를 탐내느니 뒤로 물러나 그물을 짜는 것이 낫다.『한서』

124 가난을 편안히 여긴다는 것

오늘도 아침 일찍부터 열심히 공부하고 부지런히 일하기 위해 길을 나선 분들. 여러분은 무엇을 위해 이렇게 공부하고 일하는 것입니까. 저마다 다른 이유가 있겠지만 단순하게 보면 돈 많이 벌고 높은 자리에 올라가려고 그러는 것입니다.

가난을 벗어나 부귀를 누리고자 하는 것은 인간의 당연한 욕망입니다. 그렇지만 부귀는 하루아침에 얻을 수 있는 것이 아니고, 가난은 좀처럼 내 곁을 떠나지 않습니다. 그래서 우리는 가난에 대처하는 자세를 배워야 합니다. 조선 후기의 문인 심대윤(沈大允)은 「안빈론(安貧論)」에서 이렇게 말했습니다.

가난을 편안히 여긴다는 것은 가난을 좋아한다는 의미가 아니다. 어떠한 유혹과 고난에도 마음이 흔들리지 않는 사람만이 부귀해질 수 있다. 그러니 가난을 편안히 여기는 것이야말로 부귀를 구하는 방법이며, 고난에 좌절하지 않는 것이야말로 출세를 위한 방법이다.

하늘의 도는 늘리기도 하고 줄이기도 하는 법이다. 그래서 아침이 오려면 반드시 밤이 있고, 봄이 오려면 반드시 겨울이 있다. 손상을 당해야만 완성되는 것이 사물의 성질이다. 그래서 베이고 잘리지 않으면 큰 재목이 되지 못하며, 갈고

다듬지 않으면 좋은 도구가 되지 못한다.

사람도 마찬가지이다. 사람은 곤궁한 처지에 놓여야 깨닫는 것이 있고, 충격을 받아야 분발할 수 있다. 변고를 겪지 않으면 지혜가 늘지 않고, 고난을 당하지 않으면 의지가 굳어지지 않는다. 그러므로 부귀는 가난 속에서 나오고 성공은 곤욕을 겪은 다음에 이루어진다. 가난 속에서 마음을 굳게 먹고 의지를 다졌는데도 가난을 벗어나지 못한 사람을 나는 보지 못했다.

옛사람이 가난을 편안히 여겼던 것은 가난이 좋아서가 아닙니다. 아침이 오려면 반드시 밤이 있고, 봄이 오려면 반드시 겨울이 있다고 하였습니다. 가난을 겪으며 추위와 굶주림, 아픔과 모욕을 견뎌 낸 사람만이 부귀를 누릴 자격이 있기 때문입니다.

富貴生於貧窮, 勳業成於困辱.
부 귀 생 어 빈 궁   훈 업 성 어 곤 욕

부귀는 가난 속에서 나오고 성공은 곤욕을 겪은 다음에 이루어진다. 『백운문초』

6

네 자로 보는 세상

125 이름에 담은 뜻

옛사람들은 이름 붙이기를 좋아했습니다. 방에도 이름을 붙이고 문에도 이름을 붙이고 집에도 이름을 붙였습니다. 고택이나 서원에 가면 그 자취를 쉽게 볼 수 있습니다. 궁궐도 마찬가지입니다. 창덕궁에 가 보면 건물은 물론 문 하나, 다리 하나까지 모두 이름이 있습니다. 이렇게 건물마다 이름을 붙인 이유는 드나들 때마다 그 이름의 의미를 떠올리며 마음을 가다듬기 위해서입니다.

창덕궁의 정문은 돈화문(敦化門)입니다. 돈화는 교화를 도탑게 한다는 말입니다. 돈화문을 드나드는 임금과 신하는 백성을 교화할 방도를 생각하라는 뜻입니다. 돈화문을 지나면 진선문(進善門)이 있습니다. 진선은 선으로 나아간다는 말이니, 진선문을 지나는 사람은 선으로 나아가겠다는 각오를 다지라는 뜻입니다. 인정전(仁政殿)은 어진 정치를 베풀라는 뜻이고, 선정전(宣政殿)은 정사를 널리 펼칠 방도를 생각하라는 뜻이며, 희정당(熙政堂)은 화평한 정사를 이루라는 뜻입니다. 휴식 공간에 해당하는 후원(後苑)의 건물에도 모두 이름이 있습니다. 임금의 마음가짐을 강조하는 내용입니다.

이렇게 이름을 보며 그 이름을 지은 이유를 떠올리고 마음을 다잡는 것을 고명사의(顧名思義)라고 합니다. 돌아볼 고, 이름 명, 생각할 사, 뜻의. 이름을 돌아보고 그 뜻을 생각한다는 말입니다. 고명사의라는 말은 『삼국지』「위서 왕창열전(魏書王昶列傳)」에 처음 나옵니다. 왕창은 아들과 조카에게 이름을 지어 주고 이렇게 말했습니다.

내가 유가의 가르침과 도가의 말에 따라 너희들에게 이름을 지어 준 까닭은 너희들이 이름을 돌아보고 뜻을 생각하며 감히 어기지 않게 하려는 것이다. 옛사람은 세숫대야에 다짐하는 말을 새기고 지팡이에 경계하는 말을 써 놓고서 항상 보았기 때문에 잘못을 저지르지 않았다. 하물며 자기 이름의 의미를 주의하지 않을 수 있겠느냐.

부모가 자식의 이름을 지을 때에는 각별한 의미를 담기 마련입니다. 이제 건물에 이름을 붙이고 고명사의하는 전통은 거의 사라졌지만, 사람의 이름에 깊은 뜻을 담는 전통은 여전히 남아 있습니다. 사람의 이름은 모두 좋은 뜻을 담고 있습니다. 사람들이 자신의 이름에 담은 뜻을 돌아보고 그 의미를 생각하며 살아간다면 세상은 지금보다 훨씬 좋아질 것입니다.

欲使汝曹顧名思義, 不敢有諱越也.
욕 사 여 조 고 명 사 의   불 감 유 휘 월 야

이름을 지어 준 까닭은 이름을 돌아보고 뜻을 생각하며 감히 어기지 않게 하려는 것이다. 『삼국지』

126 고집을 부릴 만한 일

자기주장을 굽히지 않고 버티는 행동을 두고 '고집을 부린다'고 합니다. 그런데 고집은 원래 좋은 뜻을 지닌 말로, 공자의 손자 자사가 지었다는 『중용』이라는 책에서 나왔습니다.

> 진실한 것은 하늘의 도이며, 진실되고자 노력하는 것은 사람의 도이다. 진실되고자 노력하는 사람은 옳은 일을 선택해서 굳게 지켜야 한다.

『중용』에서는 무턱대고 고집할 것이 아니라 '택선고집(擇善固執)', 곧 옳은 일을 선택해서 고집하라고 했습니다. 따라서 고집을 부리려면 무엇이 옳은지 먼저 알아야 합니다. 그리고 내가 믿는 것이 옳지 않다는 사실을 깨달으면 즉시 고집을 버리는 용기도 필요합니다.

옳고 그름을 따지지 않고서 무턱대고 고집하는 것은 '교주고슬(膠柱鼓瑟)'이라고 합니다. 거문고의 현을 떠받치는 기러기발에 아교를 칠해서 현을 고정한 채 연주한다는 뜻입니다. 현악기는 시간이 지나면 줄이 느슨해지므로 수시로 조여야 합니다. 그런데 그 일이 귀찮다고 아교를 칠해 현을 고정하면 당장은 좋지만 나중에 다시 조일 수가 없습니다. 이처럼 교주고슬은 자기만 옳다고 믿는 아집(我執)에 빠져서 헤어 나오지 못하는 사람을 비유하는 말입니다.

옳은 일을 선택해서 지키는 고집과 자기 소견만 믿고 버티는 아집은 전혀 다릅니다. 태도를 바꿀 용의가 있으면 고집이고, 없으면 아집입니다. 손해를 보더라도 지키면 고집이고, 이익이 있다고 버티면 아집입니다. 대화하고 토론하며 지키면 고집이고, 귀를 막고 버티면 아집입니다. 작은 문제도 심각하게 보고 지키면 고집이고, 작은 문제는 대수롭지 않다며 버티면 아집입니다. 일관된 입장을 지키면 고집이고, 말을 바꾸거나 자리를 피해 다니면서 버티면 아집입니다.

고집과 아집의 결정적인 차이는 내가 지키는 것이 과연 옳은 것인지 끊임없이 의심하는 자세입니다. 스스로 생각할 줄 아는 사람이 옳은 일을 선택해서 굳게 지키는 것, 그것이 택선고집입니다.

誠之者, 擇善而固執之者也.
성 지 자   택 선 이 고 집 지 자 야

진실되고자 노력하는 사람은 옳은 일을 선택해서 굳게 지켜야 한다.『중용』

127 내가 보는 내 얼굴

자화자찬(自畫自讚)이라는 말이 있습니다. 흔히 자기가 그림을 그리고 자기가 칭찬한다는 뜻으로 알고 있는데, 원래 뜻은 조금 다릅니다. 자화자찬의 '찬'은 칭찬이 아니라 그림에 붙이는 일종의 논평입니다. 옛날 그림을 보면 한쪽에 글이 쓰여 있는 것을 볼 수 있지요. 그것이 바로 찬입니다. 그림을 그리는 사람과 찬을 쓰는 사람이 각각인 경우가 많지만, 때로는 그림을 그린 사람이 직접 찬을 쓰기도 합니다. 이것이 자화자찬입니다.

자찬 중에서도 재미있는 것은 자기 초상화에 스스로 찬을 써넣는 화상자찬(畫像自讚)입니다. 자기 얼굴을 자기가 평가하는 것인데, 칭찬 일색일 것이라고 생각하기 쉽지만 실제로는 그렇지 않습니다. 대개는 남의 이야기를 하는 것처럼 냉정하고 비판적입니다. 조선 초기의 명재상 쌍매당(雙梅堂) 이첨(李詹)의 화상자찬입니다.

이 늙은이 너는 학식도 없으면서 선비들 틈에 끼었으니 요행이로구나. 너는 덕망도 업적도 없으면서 정승까지 지냈으니 요행이로구나. 너는 좋은 일도 하지 않았는데 자손을 두었으니 요행이로구나. 아, 너의 요행은 나라의 불행이로구나.

좋은 말은 하나도 없고, 냉혹하고 잔인한 말뿐입니다. 조선 중기 사상계를 주름잡았던 우암(尤庵) 송시열(宋時烈)의 화상자찬 역시 마찬가지입니다.

들짐승과 무리 지어 초가집에 살면서 창문 밝고 인적 고요할 때 굶주림 참고 책을 보지만, 네 모습은 초췌하고 네 공부는 허술하여 하늘의 뜻을 저버리고 성인의 말씀 무시했으니 너는 쓸모없는 책벌레에 불과하다.

쓸모없는 책벌레라니, 아무리 자기에게 하는 말이라지만 심하다고 생각될 정도입니다. 이미 당대에 학식과 명망을 인정받은 사람들이 이렇게 스스로를 인색하게 평가한 이유는 무엇일까요.

조선 후기 문인 식산(息山) 이만부(李萬敷)의 화상자찬에 "남이 나를 보는 것은 내가 스스로 아는 것만 못하다."라고 하였습니다. 나를 가장 잘 아는 사람은 다른 누구도 아닌 나 자신이라는 말입니다. 옛사람들이 자신에 대한 평가에 인색했던 이유는 자신의 참모습을 직시하고 자기 비하에 가까운 처절한 반성을 통해 거듭나고자 했던 노력이 아니었을까요.

人之視我，不如我則自知.
인 지 시 아 불 여 아 즉 자 지

남이 나를 보는 것은 내가 스스로 아는 것만 못하다. 『식산집』

128 왈가왈부는 아름답다

어떤 일에 대해 옳으니 그르니 하는 것을 두고 왈가왈부(曰可曰否)라고 합니다. 맹자는 옳은 것을 옳다 하고 그른 것을 그르다 하는 마음을 인간의 네 가지 본성 가운데 하나로 꼽았습니다. 맹자의 말처럼 옳고 그름을 말하려는 마음이 인간의 본성에서 나온 것이라면, 왈가왈부 역시 인간의 본성에서 나온 자연스러운 행위입니다.

그런데 우리 사회에서 왈가왈부는 다소 좋지 않은 의미로 쓰이고 있습니다. "남의 일에 왈가왈부하지 마라.", "그 문제는 더 이상 왈가왈부하지 마라.", "그 일에 대해 왈가왈부하고 싶지 않다."라는 말에서 보듯이 왈가왈부는 자기와 생각이 다른 사람의 입을 막으려는 의도로 쓰이는 경우가 많습니다.

반면 우리 고전을 보면 왈가왈부는 항상 좋은 의미로 쓰이고 있습니다. 조선왕조실록을 찾아보면 왈가왈부라는 말이 50번 정도 나오는데, 나쁜 뜻으로 쓰이기는커녕 아름다운 일이라고 한 경우가 많습니다.

조정에 일이 있으면 왈가왈부하는 것이 아름다운 일이다.

의논할 만한 일이 있으면 왈가왈부하여 각자의 생각을 말하는 것이 아름다운 일이다.

사람의 의견은 각자 다르기 마련이니, 왈가왈부하여 옳고 그름을 공평히 가리는 것이 아름다운 일이다.

나랏일은 한 사람이 혼자서 결정할 수 있는 일이 아니니, 왈가왈부하여 지당한 결론을 얻도록 힘쓰는 것이 아름다운 일이다.

사람의 생각은 저마다 다르기 마련이니, 내가 옳다고 생각하는 것과 남이 옳다고 생각하는 것이 다를 수도 있습니다. 국가의 중대사일수록 왈가왈부는 필수적입니다. 중대한 국가의 일이니까 개인이 왈가왈부해서는 안 된다는 말은 조선 왕조 500년 동안 단 한 번도 나오지 않았습니다. 옳고 그름을 말하고자 하는 욕구는 인간의 본성이며, 왈가왈부할 수 있는 자유는 민주주의가 가장 중요하게 여기는 가치입니다.

事有可議, 曰可曰否, 各陳所懷, 是爲美事.
사 유 가 의   왈 가 왈 부   각 진 소 회   시 위 미 사

의논할 일이 있으면 왈가왈부하여 각자의 생각을 말하는 것이 아름다운 일이다. 『중종실록』

129 소 잃고 외양간 고쳐도 늦지 않다

우리 속담에 "소 잃고 외양간 고친다."라는 말이 있습니다. 서양 속담에도 "말 잃고 마굿간 고친다."라는 말이 있다고 하는데, 모두 일이 이미 잘못된 뒤에는 손을 써도 소용이 없음을 비꼬는 말입니다.

중국에도 비슷한 말이 있습니다. 양을 잃어버리고서야 우리를 고친다는 '망양보뢰(亡羊補牢)'인데요. 소 잃고 외양간 고친다는 속담과 같은 뜻으로 알려져 있지만 원래 의미는 그렇지 않습니다. 『전국책』이라는 중국 고전에 나오는 이야기입니다.

전국 시대 초나라에 장신(莊辛)이라는 사람이 있었습니다. 그는 초나라 양왕(襄王)을 찾아가, 왕이 총애하는 신하들에 둘러싸여 국사를 돌보지 않고 사치와 방종을 일삼고 있으니 나라가 위태로워질 것이라고 하였습니다. 양왕은 장신이 노망이 들어 나라를 저주한다며 화를 냈습니다. 장신은 하는 수 없이 초나라를 떠나 이웃 나라로 갔습니다. 얼마 안 되어 초나라는 진나라의 침입을 받아 넓은 영토를 빼앗기고 말았습니다. 양왕은 그제야 후회하며 장신을 불러다가 물었습니다.

"과인이 선생의 말을 듣지 않다가 이렇게 되고 말았으니 어찌하면 좋겠소?"

그러자 장신이 말했습니다.

"신이 듣기로 토끼를 발견하고 사냥개를 풀어도 늦지 않고, 양을 잃어버리고 우리를 고쳐도 늦지 않다고 하였습니다."

그러고는 난국을 타개할 방법을 알려 주었습니다. 양왕은 장신의 말을 따라 마침내 잃어버린 영토를 되찾았습니다.

애초에 양을 잃어버리지 않았다면 좋겠지만, 이미 잃어버렸다고 해서 가만히 있을 수는 없는 일입니다. 우선 원인을 밝히고 책임을 가린 뒤, 대책을 강구하고 재발 방지에 힘쓴다면 잘못된 일은 반면교사가 될 것입니다.

見兎顧犬, 未爲晚也, 亡羊補牢, 未爲遲也.
견 토 고 견   미 위 만 야   망 양 보 뢰   미 위 지 야

토끼를 발견하고 사냥개를 풀어도 늦지 않고, 양을 잃어버리고 우리를 고쳐도 늦지 않다.『전국책』

130 중구난방의 사회를 향하여

여러 사람이 저마다 자기주장을 내세워 결론이 나지 않는 상황을 중구난방(衆口難防)이라고 합니다. 무리 중에 입 구, 어려울 난에 막을 방. 여러 사람의 입은 막기 어렵다는 뜻입니다. 지금은 혼란하고 무질서한 상황을 비유하는 부정적인 의미로 쓰이고 있지만, 원래는 그런 뜻이 아닙니다.

『국어(國語)』라는 중국 역사책에 나오는 이야기입니다. 기원전 9세기경 중국 주나라의 여왕(厲王)은 잔혹한 폭군이었습니다. 계속되는 전쟁과 무거운 세금을 견디지 못한 백성은 모이기만 하면 여왕을 비난했습니다. 여왕은 위무(衛巫)라고 하는 일종의 비밀경찰을 시켜 비난하는 백성을 발견하는 즉시 죽이도록 했습니다. 그 결과 비난이 잦아들자 여왕은 기뻐하며 소공(召公)이라는 신하에게 자신이 비난을 그치게 했다고 자랑했습니다. 이에 소공이 다음과 같이 말했습니다.

이것은 그친 것이 아니라 막은 것입니다. 백성의 입을 막는 것은 흐르는 강물을 막는 것보다 어렵습니다. 막았던 강물이 터지면 반드시 다치는 사람이 많습니다. 백성도 마찬가지입니다. 그러므로 강물을 관리하는 사람은 물길을 틔워 흐르도록 만들고, 백성을 다스리는 사람은 내버려 두어 말을 하게 만듭니다.

그러나 여왕은 듣지 않았습니다. 3년 뒤 학정을 견디다 못한 백성이 반란을 일으켜 여왕은 유폐되는 신세가 되고 말았습니다. 억눌려 있던 여론이 마치 강둑이 터진 것처럼 일시에 분출되면서 거대한 반란으로 이어졌던 것입니다. 이것이 바로 중구난방이라는 고사성어가 생긴 유래입니다.

여론은 막아서도 안 되고, 막을 수도 없습니다. 중구난방은 다양한 의견과 자유로운 의사 표현이 존중되는 건강한 사회임을 증명하는 것입니다. 중구난방은 걱정할 일이 아닙니다. 하지만 세계 언론 자유 지수 순위에 따르면 우리의 언론 자유는 아직도 갈 길이 멉니다. 언론의 자율성과 다양성이 보장되는 중구난방의 사회가 되었으면 하는 바람입니다.

防民之口, 甚於防川.
방 민 지 구　심 어 방 천

백성의 입을 막는 것은 흐르는 강물을 막는 것보다 어렵다.『국어』

131 풀 수 있는 자가 풀어라

결자해지(結者解之)라는 말이 있습니다. 매듭을 묶은 사람이 풀어야 한다는 뜻으로, 자기가 저지른 일은 자기가 해결해야 한다는 말입니다. 맞는 말이긴 하지만 묶은 사람이 풀 수 없으면 다른 사람이 풀어야 합니다.

조선 중기의 문장가 어우(於于) 유몽인(柳夢寅)이 말했습니다.

천하 만물은 묶는 자가 있으면 반드시 푸는 자가 있다. 실이 엉키면 송곳으로 풀고, 머리카락이 엉키면 빗으로 풀고, 병이 생기면 약으로 푼다. 바람은 구름을 풀고, 술은 근심을 풀고, 장군은 적진을 풀고, 기도와 부적은 귀신을 푸니 모두 묶인 것에 따라 풀어 주는 것이다.

지금 여기 어떤 사람이 줄에 묶인 것도 아닌데 무언가에 꽉 묶인 것처럼 꼼짝달싹하지 못하여 스스로 풀 수가 없다. 그 이유는 무엇인가. 설령 아무나 묶고 아무나 풀더라도 푸는 자와 묶는 자가 힘이 비슷하면 풀기가 쉽지 않다. 그런데 장사가 묶어 놓은 것을 어린아이에게 풀게 한다면 푸는 자는 약하고 묶는 자는 강하니 풀기가 더욱 어렵다.

지금 묶지 않았는데도 묶여 있고 풀어야 하는데도 풀지 못한 지 스무 해가 넘었다. 무엇으로 묶여 있는지 물어보면 줄에 묶여 있는 것도 아니다. 이것은 풀려고 하지 않기 때문이지 풀 수 없기 때문이 아니다. 정말 가깝고 아끼는 사람이 있다면 차마 보기만 하면서 힘쓰지 않을 수 있겠는가. 필시 풀 수 있는 자가 있어 풀어 줄 것이다.

『어우집(於于集)』에 실려 있는 「해변(解辨)」이라는 글입니다. 이 글은 첨예하게 대립하는 두 당파를 비유한 것으로 보입니다. 따지고 보면 이들을 묶고 있는 것은 아무것도 없습니다. 그럼에도 이들의 갈등이 풀리지 않는 이유는 풀 수 없어서 그런 것이 아니라 풀려고 하지 않기 때문입니다.

문제가 생기면 문제를 일으킨 사람이 수습하는 것이 마땅합니다. 하지만 문제를 일으킨 쪽이 수습할 처지도 안 되고 그럴 능력도 없을 때 결자해지를 기대하기란 요원합니다. 묶은 쪽에서 풀 수 없다면, 풀 수 있는 쪽에서 풀어야 합니다.

其必有能解之者解之.
기 필 유 능 해 지 자 해 지

필시 풀 수 있는 자가 있어 풀어 줄 것이다. 『어우집』

132 십시일반의 유래

열 사람이 한 숟가락씩 보태면 밥 한 그릇이 된다. 십시일반(十匙一飯)이라고 하지요. 그런데 십시일반이란 말은 중국 고전에는 나오지 않습니다. 하긴 중국 사람들은 젓가락으로 밥을 먹으니까 한 숟가락씩 보탠다고 할 리가 없지요. 십시일반은 숟가락으로 밥을 먹는 우리나라에서 생긴 말이 분명합니다. 십시일반은 여러 사람이 조금씩 힘을 합쳐 한 사람을 도와준다는 뜻으로 알려져 있는데, 원래는 그런 뜻이 아니었습니다.

십시일반이라는 말을 처음 쓴 사람은 다산 정약용입니다. 정약용이 지은 『목민심서』를 보면 아전의 폐해를 언급한 부분이 있는데, 여기에 십시일반이라는 말이 나옵니다.

정약용이 귀양살이하던 전라남도 강진현의 아전 자리는 원래 300냥에 불과했는데, 30년도 지나지 않아 서른세 배가 뛰어 만 냥이나 되었다고 합니다. 아전의 자리가 이렇게 비싸진 이유는 백성에게 거두어 가는 세금이 그만큼 늘어났기 때문입니다.

원래 아전에게는 봉급이 따로 없습니다. 그래서 아전은 원님을 찾아가 백성에게 수고비 조로 조금씩 세금을 거두어 달라고 부탁하며 이렇게 말합니다.

"십시일반이니 백성에게는 피해가 가지 않을 것입니다."

원님은 그 말에 넘어가 세금을 더 거두어 가도록 허락해 줍니다. 그 뒤로도 아전들은 일이 있을 때마다 걸핏하면 조금만 더 거두어 가겠다고 합니다. 십시일반이니까 부담이 되지 않을 것이라며 말이지요.

이렇게 해서 아전이 백성에게 징수해 가는 세금은 30년 사이에 서른세 배나 늘어났고, 따라서 아전의 자릿값도 서른세 배나 올랐습니다. 결국 십시일반은 조세 저항을 최소화하면서 야금야금 세금을 늘리려는 핑계에 불과했던 것입니다. 『목민심서』 「호전 세법(戶田稅法)」에 나오는 이야기입니다.

세금이 부족하면 정부는 으레 십시일반을 들먹이며 중산층과 서민에게 부담을 지웁니다. 십시일반, 어디서 많이 들어 본 이야기입니다.

十匙一飯, 不足病民.
십 시 일 반 부 족 병 민

십시일반이니 백성에게 피해가 가지 않을 것이다. 『목민심서』

133 여러 사람의 입은 쇠도 녹인다

『삼국유사』에는 이런 이야기가 전합니다. 신라 성덕왕 대에 순정공의 부인이었던 수로 부인은 절세미인으로, 암소를 끌던 노인이 벼랑에 핀 꽃을 따다 바쳤다는 향가 「헌화가」의 주인공이기도 합니다. 하루는 수로 부인이 바닷가에서 점심을 먹는데 용이 나타나 부인을 바닷속으로 데리고 가 버렸습니다. 이때 한 노인이 말했습니다.

"옛사람이 말하기를 '여러 사람의 말은 무쇠도 녹인다.'라고 하니, 바닷속 짐승인들 어찌 여러 사람의 입을 두려워하지 않겠습니까? 백성들을 모아 노래를 지어 부르면서 지팡이로 강 언덕을 두드리면 부인을 다시 볼 수 있을 것입니다."

이 말을 따르자 용이 부인을 모시고 바다에서 나왔습니다. 여기서 "여러 사람의 말은 무쇠도 녹인다."라는 말을 한자로 중구삭금(衆口鑠金)이라고 합니다. 『사기』 「장의열전(張儀列傳)」에 나오는 말입니다.

깃털이 쌓이면 배를 가라앉히고, 가벼운 물건이 많으면 수레 축이 부러진다. 여러 사람의 입은 쇠도 녹이고, 비방이 쌓이면 뼈도 녹인다.

여러 사람이 같은 말을 하면 그 말의 진위에 관계없이 쇠도 녹일 정도로 여론이 뜨겁게 달아오를 수 있습니다. 또 비방이 계속되면 역시 그 진위에 관계없이 비방받는 사람에게 뼈도 녹일 정도로 치명적인 피해를 줄 수 있습니다. 한 사람 한 사람의 발언이 지니는 힘은 보잘것없지만, 그것이 모여 여론이 되면 결코 무시할 수 없는 힘을 가지게 됩니다. 따라서 여론이 들끓으면 어떤 방식으로든 대답할 필요가 있습니다.

1734년 사간원 정언 조상명(趙尙命)이 상소를 올렸습니다. 신하가 상소를 올리면 임금은 답변을 내놓아야 하는데, 무슨 이유에서인지 영조 임금은 답을 하지 않았습니다. 승지 유엄(柳儼)이 이 점을 지적했습니다.

"말이 잘못되었더라도 답이 없어서는 안 됩니다."

그러자 영조는 깜박 잊었다며 상소에 대한 답변을 내놓았습니다. 『승정원일기』에 나오는 이야기입니다. "말이 잘못되었더라도 답이 없어서는 안 된다." 여론을 대하는 태도는 이와 같아야 하는 것입니다.

적지 않은 사람들이 꽤나 오랫동안 한목소리를 내고 있는데 아무런 대답이 없다면 문제입니다. 옳고 그름을 떠나, 여론이 있으면 반드시 답변이 있어야 합니다.

衆口鑠金, 積毀鎖骨.
중 구 삭 금   적 훼 쇄 골

여러 사람의 입은 쇠도 녹이고, 비방이 쌓이면 뼈도 녹인다. 『사기』

134 가르치기보다 배우기

모르는 것은 아는 척하고, 아는 것은 잘난 척하며 남을 가르치기 좋아하는 행동을 호위인사(好爲人師)라고 합니다. 좋을 호, 할 위, 사람 인, 스승 사. 남의 스승 노릇 하기를 좋아한다는 말입니다. "사람의 우환은 남의 스승 노릇 하기를 좋아하는 데 있다." 맹자의 말입니다.

남의 스승 노릇 하기 좋아하는 사람에게는 두 가지 폐단이 있습니다. 첫째는 발전이 없다는 점입니다. 조선 후기 학자 심상규(沈象奎)는 이렇게 말했습니다.

사람이 처신하는 도리에는 반드시 자신을 부족하다고 여기는 마음이 있어야 한다. 그래야 발전이 있는 법이다.

때로는 남을 가르쳐야 할 때도 있습니다. 하지만 가르치는 것은 배우기를 좋아한 다음에 가능한 일입니다. 배우기를 좋아하는 사람은 자신의 부족함을 잘 아는 사람이며, 자신의 부족함을 아는 사람만이 발전할 수 있습니다. 그런 사람이라야 남을 가르칠 자격이 있는 것입니다. 배우기는 게을리하면서 가르치려고만 드는 사람은 독선적이고 오만한 사람입니다.

남의 스승 노릇 하기 좋아하는 사람의 두 번째 폐단은 주위에 사람이 없다는 점입니다. 구한말의 학자 성재(省齋) 유중교(柳重敎)가 말했습니다.

만약 남의 스승 노릇 하기만 좋아한다면 항상 자기보다 못한 사람과 함께 있으려고 할 것이다. 이렇게 되면 배우려는 마음이 없어질 것이니, 갈수록 퇴보하게 된다.

남의 스승 노릇 하기 좋아하는 사람은 남의 말을 귀담아들으려 하지 않습니다. 결국 잘못을 바로잡아 주고 충고해 줄 사람은 주위에 남지 않습니다. 남는 것은 아첨하는 사람뿐입니다. 남의 스승 노릇 하기를 좋아하는 것이 위험한 이유입니다.

"사람의 우환은 남의 스승 노릇 하기를 좋아하는 데 있다." 가르치기보다 배우기입니다.

人之患在好爲人師.
인 지 환 재 호 위 인 사

사람의 우환은 남의 스승 노릇 하기를 좋아하는 데 있다. 『맹자』

135 물을 담아도 새지 않을 만큼

중국 당나라에 곽한(郭翰)이라는 선비가 있었습니다. 그가 무더운 여름 밤 잠을 이루지 못하고 마당에 나와 서성이는데, 어디선가 향기가 풍겨 왔습니다. 점차 향기가 짙어지는가 싶더니 웬 사람이 하늘에서 내려오고 있었습니다. 선녀였습니다. 곽한은 선녀와 부부의 연을 맺었습니다.

어느 날 곽한이 선녀의 옷을 보았는데, 꿰맨 흔적이 하나도 없었습니다. 그 이유를 묻자 선녀가 말했습니다.

"하늘의 옷은 원래 바느질로 짓는 것이 아닙니다."

중국 송나라 때 편찬된 설화집 『태평광기(太平廣記)』에 나오는 이야기입니다. 바느질로 옷을 지으면 꿰맨 흔적이 남게 됩니다. 그렇지만 하늘에서 내려온 선녀의 옷은 인간 세상의 것과 달리 꿰맨 흔적이 없었던 것입니다. 여기서 유래한 고사성어가 천의무봉(天衣無縫)입니다. 하늘 천, 옷 의, 없을 무, 꿰맬 봉. 하늘의 옷은 꿰맨 흔적이 없다는 뜻으로, 사소한 흠조차 없는 완벽한 상태를 비유하는 말입니다.

천의무봉과 같은 뜻으로 치수불루(置水不漏)라는 말이 있습니다. 둘 치, 물 수, 아니 불, 샐 루. 물을 담아 두어도 새지 않는다는 뜻입니다. 주희가 말했습니다.

지금 나의 문하에서 공부하는 사람들이 이치를 정밀하게 따지지 않는 것은 아니지만, 물을 담아 두어도 새지 않을 정도로 말할 수 있어야 제대로 이해하는 것이다.

공부하는 사람은 물을 담아도 새지 않을 정도로 논리가 정밀하고 빈틈이 없어야 한다는 말입니다. 완벽한 설명은 제대로 이해하고 있을 때만 가능한 법입니다.

사람이 하는 일이 완벽할 수 있겠습니까마는, 완벽을 기하려고 노력하는 것이 사람의 할 일입니다. 완벽을 기하고자 노력하는 모습을 보여 준다면 설령 결과가 완벽하지 않아도 그 노력은 높이 평가받을 것입니다. 반면 물을 담아도 새지 않을 정도로 만들겠다는 의지는 간데없고, 물이 줄줄 새는데도 원래 그러니 어쩔 수 없다며 안일한 태도로 일관한다면 비난을 피하기 어려울 것입니다.

說得來置水不漏, 直是理會得好.
설 득 래 치 수 불 루   직 시 이 회 득 호

물을 담아 두어도 새지 않을 정도로 말할 수 있어야 제대로 이해하는 것이다.

『주자어류』

136 부부유별이란 무엇인가

부부유별(夫婦有別)이라는 말 한 번쯤 들어 보셨을 것입니다. 남편과 아내는 분별이 있어야 한다는 뜻인데요. 흔히 부부유별이라고 하면 남편은 사랑채에, 아내는 안채에 따로 떨어져 살면서 남편은 바깥일, 아내는 안살림을 맡아 서로의 영역을 침범하지 않는 것이라고 이해하는 경우가 많습니다. 하지만 이것은 잘못된 해석입니다. 만약 그렇다면 별거하거나 한쪽이 기러기 생활을 해야 부부유별을 제대로 실천하는 것이라고 하겠습니다.

부부유별이 남녀의 성 역할을 규정하는 발언이라는 해석도 사실과 다릅니다. 부부가 영역을 나누고 서로 상관하지 않는다면 부부가 된 의미가 어디에 있겠습니까. 이것은 필시 아내의 참견과 잔소리에서 벗어나고픈 남편이 만들어 낸 얼토당토않은 해석이 분명합니다.

그렇다면 부부유별의 진정한 의미는 무엇일까요? 조선 후기 유학자 육회당(六悔堂) 이시홍(李是鉷)의 해석입니다.

부부유별은 오륜의 하나이다. 여기서 별은 식별한다는 뜻이다. 한 사람의 남편은 한 사람의 아내를 두어 서로 짝을 혼동하지 않고 분별하고 식별한다는 뜻이다. 어째서인가?

남녀의 정욕은 사람의 큰 욕구이다. 만약 예의로 조절하지 않는다면 방탕해지고 음란해져 짐승과 차이가 없을 것이다. 그러므로 성인께서 부부의 윤리를 만들어 처음 혼인할 때부터 일을 크게 벌이고 예의를 엄격히 지킴으로써 천하의 부부로 하여금 각자 자기 남편만 남편으로 여기고 자기 아내만 아내로 여기며 다른 사람의 부부와 문란하게 되지 않도록 하신 것이다. 이것이 바로 부부의 분별이자 식별이 인간의 중요한 윤리가 되는 까닭이다.

부부유별의 별은 남편과 아내를 구별하는 것이 아니라 우리 부부와 다른 부부를 구별한다는 뜻입니다. 남의 남편을 내 남편으로 여기거나 남의 아내를 내 아내로 여기는 일이 없어야 한다는 말입니다. 십계명의 네 이웃의 아내를 탐하지 말라는 말과 같은 뜻입니다. 쉽게 말해 바람피우지 말라는 이야기입니다.

남편과 아내의 할 일이 다르다는 엉터리 해석은 잊어버려도 좋습니다. 서로의 생활을 공유하고 의견을 나누는 것이 부부의 도리입니다.

各夫其夫, 各婦其婦, 不相紊亂於他人之夫婦.
각 부 기 부　　각 부 기 부　　불 상 문 란 어 타 인 지 부 부

자기 남편만 남편으로 여기고 자기 아내만 아내로 여기며 다른 사람의 부부와 문란하게 되지 않도록 한다.『육회당유고』

137 도울 수 없는 사람

절망에 빠져 스스로 포기하는 것을 자포자기(自暴自棄)라고 하지요. 스스로 자, 해칠 포, 스스로 자, 버릴 기입니다. 지금은 자포자기가 하나의 단어처럼 쓰이고 있지만 '자포'는 자신을 해친다는 말이고 '자기'는 자신을 버린다는 말로, 원래 서로 다른 의미를 가진 두 개의 단어입니다.

자포와 자기의 차이에 대해 조선 후기 학자 신익황(申益愰)이 재미있는 비유를 남겼습니다. 여기 서울 구경을 못 해 본 시골 사람이 있습니다. 먼저 서울 구경을 다녀온 동네 사람들이 모두 구경할 만하다고 이야기하는데, 그 말을 믿지 않는 사람은 자신을 해치는 사람입니다. 반면 동네 사람들의 말을 따라 한번 구경해 보고 싶은 마음은 들지만, 체력이 약해 먼 길을 갈 수 없다며 길을 떠나지 않는 사람은 자신을 버리는 사람입니다. 다시 말해 자신을 해치는 사람은 무엇이 옳은 줄도 모르고 남을 거부하는 사람이며, 자신을 버리는 사람은 무엇이 옳은 줄은 알지만 행동하지 않는 사람입니다.

『맹자』「이루 상」편에 나오는 말입니다.

자신을 해치는 자와는 함께 이야기할 수 없고, 자신을 버리는 자와는 함께 일할 수 없다.

자신을 해치는 사람은 남들은 틀리고 자기만 옳다고 하는 사람입니다. 그런 사람과는 아무도 이야기하고 싶어 하지 않을 것입니다. 자신을 버리는 사람은 알면서도 실천하지 않는 사람입니다. 그런 사람과는 아무도 같이 일하려 하지 않을 것입니다.

자포자기한 채 아무것도 하지 않으면서 남이 도와주기를 바라는 사람이 있습니다. 하지만 공자도 자포자기하는 사람만은 도와줄 방법이 없다고 하였습니다. 자신을 해치고 버리는 사람을 남이 도울 수 있을 리 만무합니다. 자포자기는 스스로를 고립으로 몰아넣는 행동입니다.

自暴者不可與有言也, 自棄者不可與有爲也.
자 포 자 불 가 여 유 언 야   자 기 자 불 가 여 유 위 야

자신을 해치는 자와는 함께 이야기할 수 없고, 자신을 버리는 자와는 함께 일할 수 없다.『맹자』

138 고집불통이면 불길하다

자기가 옳다며 태도를 바꾸지 않는 사람을 우리는 고집불통(固執不通)이라고 부릅니다. 굳게 지키느라 변통할 줄 모른다는 말입니다. 옳은 일이 아닌데도 고집하는 것이야 말할 것도 없고, 설사 옳은 일이라 해도 마냥 고집하는 것은 바람직하지 않습니다. 고집을 부리는 사람은 신의를 지키기 위해서라고 하지만, 쓸데없이 고집을 부리는 사람을 신의 있는 사람이라고 하지는 않습니다. 신의를 지킨답시고 고집을 부리는 것은 현명하지 못한 선택입니다.

『주역』에 중부괘(中孚卦)라는 괘가 있습니다. 신의를 상징하는 중부괘는 연못을 의미하는 태괘(兌卦) 위에 바람을 의미하는 손괘(巽卦)가 있는 형상입니다. 연못 위에 바람이 불면 수면이 흔들립니다. 수면이 흔들리는 이유는 물의 성질이 부드럽고 유연하여 변화에 잘 대응하기 때문입니다.

『주역』에서 신의를 상징하는 중부괘를 연못 위에 바람이 부는 형상으로 표현한 이유는 상황에 따라 적절하게 변화하는 것이 신의를 지키는 올바른 태도라는 것을 강조하기 위해서입니다. 그래서 정이는 중부괘의 의미를 이렇게 설명했습니다.

신의를 지키느라 끝까지 가서도 변통할 줄 모른다면 어찌 오래갈 수 있겠는가. 굳게 지키기만 하고 변통하지 않으면 불길하다.

『주역전(周易傳)』에 나오는 말입니다. "굳게 지키기만 하고 변통하지 않는다." 한자로 고수불통(固守不通)입니다. 고집불통과 같은 말입니다. 신의를 지키는 것은 좋지만, 변화할 줄 모르고 고집만 부리면 오래가지 못한다고 하였습니다. 원칙을 지키는 것도 마찬가지입니다. 원칙을 따르는 것은 좋지만 상황의 변화와 사태의 추이를 살피지 못한 채 원칙만 고수한다면 결과가 좋을 리 없습니다.

원칙을 고집하는 것이 불통이 아니라 원칙만 고집하는 것이 불통입니다.

固守而不通, 如是則凶.
고 수 이 불 통　여 시 즉 흉

굳게 지키기만 하고 변통하지 않으면 불길하다. 『주역전』

139 사람의 마음을 얻으려면

이석투수(以石投水)라는 말이 있습니다. 써 이, 돌 석, 던질 투, 물 수. 돌을 물에 던진다는 말입니다. 돌을 물에 던지면 퐁당 하고 물속으로 쏙 들어가지요. 반대로 이수투석(以水投石)이라는 말도 있습니다. 물을 돌에 던진다, 즉 물을 돌에 붓는 것을 말합니다. 물을 돌에 부으면 물은 돌의 표면을 따라 흘러 내립니다. 이석투수와 이수투석은 흔히 남의 말을 들을 때의 상반된 태도를 비유합니다.

중국 삼국 시대 위(魏)나라의 이강(李康)이 지은 「운명론(運命論)」이라는 글에 이런 이야기가 있습니다. 항우와 유방이 천하를 놓고 다투던 진(秦)나라 말엽, 장량이라는 천재적인 책략가가 있었습니다. 그는 주인으로 섬길 만한 사람을 찾아 천하의 영웅들을 두루 만나 보았습니다. 그런데 장량이 만난 영웅들은 그가 천하 통일의 전략을 자세히 설명해 주어도 귀담아듣지 않았습니다. 그들은 장량의 이야기를 들을 준비가 되어 있지 않았던 것입니다. 그들에게 천하 통일을 이야기하는 것은 마치 물을 돌에 붓는 것처럼 소용없는 짓이었습니다.

반면 유방은 장량의 이야기를 유심히 듣고 그대로 따랐습니다. 장량의 이야기를 듣는 유방의 태도는 마치 돌이 퐁당퐁당 물속으로 들어가는 것 같았습니다. 결국 장량은 유방을 주인으로 섬겨 천하를 통일하고 한나라를 세웠습니다.

돌을 물에 던지면 전혀 힘을 들이지 않아도 돌은 물속으로 들어갑니다. 하지만 물을 돌에 부으면 아무리 애써도 물은 돌 속으로 들어가지 않습니다. 물은 아무리 단단한 돌이라도 관대하게 포용하지만 돌은 완고하여 부드럽기 그지없는 물조차 용납하지 않기 때문입니다.

남의 말을 듣는 것도 마찬가지입니다. 포용력 있는 사람은 어려운 말도 들어 주지만, 완고한 사람에게는 쉬운 말조차 통하지 않습니다. 사람의 마음을 얻으려면 돌을 물에 던지는 것처럼 남의 말을 들어 줄 준비가 되어 있어야 합니다. 사람은 자기 말을 들어 주는 사람에게 마음을 열기 때문입니다.

以石投水, 莫之逆也.
이 석 투 수   막 지 역 야

돌을 물에 던지는 것처럼 거슬림이 없다. 『문선』

140 버릇없이 키운 자식은 효도하지 않는다

옛날처럼 아이를 많이 낳는 세상이 아니다 보니, 요즘 부모들의 아이 사랑은 각별합니다. 하고 싶은 것은 뭐든지 하게 해 주고, 갖고 싶은 것은 뭐든지 갖게 해 주려고 합니다. 혼을 내거나 못하게 막는 일은 되도록 하지 않으려 합니다. 아이를 버릇없이 키우면 안 된다는 걸 알면서도 차마 모질게 대할 수 없는 것이 부모의 마음입니다.

내 아이만은 특별한 존재라는 생각이 지나치다 보니, 아이가 공공장소에서 소란을 피워도 내버려 두는 경우가 생깁니다. 부모도 함부로 혼내지 못하는 아이를 다른 사람이 혼내다가 아이 부모와 다툼이 생기는 경우도 보게 됩니다. 하지만 아이를 버릇없이 키우면 나중에 후회하게 된다는 것은 매우 오래된 교훈입니다.

『사기』「양효왕세가(梁孝王世家)」에 '교자불효(驕子不孝)'라는 말이 있습니다. 교만할 교, 아들 자, 아니 불, 효도 효. 교만한 자식, 다시 말해 버릇없이 키운 자식은 효도하지 않는다는 말입니다. 『후한서』「구람전(仇覽傳)」에는 '교자매모(驕子罵母)'라는 비슷한 말이 나옵니다. 교만할 교, 아들 자, 욕할 매, 어미 모. 버릇없이 키운 자식은 부모에게도 욕을 한다는 것입니다. 교자불효와 교자매모는 모두 조선 시대 민간에 널리 퍼져 있던 속담입니다. 퇴계 선생이 말했습니다.

속담에 버릇없는 자식은 어머니에게도 욕을 한다고 하였다. 자기 자식을 미리 단속하지 않으면 반드시 버릇없어지고, 버릇없는데도 막지 않으면 욕을 하는 지경에 이르기도 한다. 이는 자식이 자식의 도리를 하지 못한 것이긴 하지만, 자식을 이 지경에 이르도록 한 부모도 잘못이다.

버릇없는 아이는 부모의 잘못이라고 하였습니다. 기죽이지 않겠다며 제멋대로 키우면 나중에 후회하게 될 것이 분명합니다. 자기만 아는 사람으로 키운 자식이 나중에 자라서 부모를 위해 줄 것이라고 생각한다면 착각입니다.

驕子不孝.
교 자 불 효

버릇없이 키운 자식은 효도하지 않는다.『사기』

141 그곳이 고향이었네

중국 당나라의 시인 가도(賈島)는 번화한 도시 장안에서 화려한 생활을 즐기던 사람이었습니다. 그러던 그가 관직에 올라 중국 서북쪽 변방의 병주(並州)라는 곳으로 발령을 받게 되었습니다. 장안에서 오가는 데만 여러 달이 걸리는 머나먼 곳이었습니다. 지금처럼 근무 기간이 정해진 것도 아니고, 휴가를 받아 고향에 다녀올 수 있는 시대도 아닙니다. 한 번 가면 새로 발령이 날 때까지 기약 없이 그곳에서 살아야 했습니다.

낯설고 황량한 병주 땅에서 한 해 두 해 세월이 흐르자 가도는 마음이 초조해졌습니다. 설마 이대로 이곳에서 평생을 보내게 되는 것은 아닌지 걱정이 되었습니다. 이제나저제나 장안으로 돌아갈 날만 기다리면서 어느덧 10년이라는 긴 세월이 흘렀습니다.

그러던 어느 날 가도에게 장안으로 돌아오라는 황제의 명령이 내렸습니다. 그는 뛸 듯이 기뻐하며 서둘러 짐을 꾸려 병주를 떠났습니다. 가도는 병주의 끝자락에 있는 상건하(桑乾河)라는 강을 건너서야 한숨을 돌렸습니다. 문득 뒤를 돌아보자 저 멀리 익숙한 마을의 모습이 보였습니다. 그토록 지긋지긋하게 느껴지던 병주 땅이었습니다. 병주를 바라보던 가도의 눈에는 어느덧 눈물이 고였습니다. 그는 이때의 착잡한 마음을 시로 표현했습니다.

병주에서 십 년 동안 객지 생활하며

밤낮 장안으로 돌아갈 생각뿐이었지

뜻밖에 다시 상건하를 건너게 되었는데

병주를 돌아보니 그곳이 고향이었네

가도의 「상건하를 건너며」라는 시입니다. 병주에 있을 때는 고향 장안으로 돌아가고픈 마음뿐이었지만, 막상 떠나려니 이미 10년의 세월을 보낸 병주가 고향처럼 느껴졌다고 하였습니다. 이로부터 태어난 곳은 아니지만 오랫동안 살아서 고향처럼 느껴지는 제2의 고향을 병주고향이라고 합니다.

고향은 따로 있는 것이 아니라, 내가 살고 있는 곳이 내 집이며 내 고향입니다. 이 세상에 잠시 왔다 가는 인간은 어차피 나그네 신세이기 때문입니다.

却望並州是故鄕.
각 망 병 주 시 고 향

병주를 돌아보니 그곳이 고향이었네. 『전당시』

142 편안히 살고 즐겁게 일하는 세상

안거낙업(安居樂業)이라는 말이 있습니다. 편안히 살고 즐겁게 일한다는 뜻의 안거낙업은 노자 『도덕경』에 연원을 두고 있는 성어입니다.

> 제 음식을 맛있다 여기고 제 옷을 곱다 여기며 제 집을 편안하다 여기고 제 풍속을 즐겁다 여긴다.

노자가 생각한 이상적인 국가는 소국과민(小國寡民), 즉 규모가 작고 백성도 적은 나라입니다. 노자는 이런 나라에는 온갖 도구가 있어도 쓸데가 없고, 백성이 옮겨 다니지도 않으며, 배와 수레가 있어도 탈 일이 없고, 갑옷과 무기가 있어도 쓸 일이 없다고 하였습니다. 심지어 복잡한 문자도 필요 없고 그저 노끈으로 매듭을 엮어 간단한 의사소통만 하면 된다는 것이 노자의 주장입니다. 이런 나라의 백성은 자기가 먹는 음식과 자기가 입는 옷에 만족하며, 자기가 사는 곳을 편안히 여기고 자신들의 삶의 방식을 즐기며 살게 된다는 것입니다. 좋게 말하면 순박한 삶이고, 나쁘게 말하면 무지한 삶입니다.

노자는 백성에게 지식이 없어야 욕심이 없어진다고 말했고, 백성을 다스리기 어려운 이유는 백성의 지식이 많기 때문이라고도 말했습니다.

결국 노자가 말한 안거낙업은 더 나은 삶이 있다는 것을 백성들이 모르게 함으로써 현재의 삶에 만족하며 살아가게 만드는 것입니다. 안거낙업은 살기 좋은 낙원을 만드는 방법이 아니라 자기가 사는 곳을 낙원이라고 믿게 만드는 방법입니다.

이처럼 안거낙업이 마음가짐의 문제라면 안거낙업의 나라를 만들기는 어렵지 않습니다. 국민의 눈과 귀와 입을 막아서 정치에 관심을 끊고 사회 문제를 외면한 채 그저 잘 먹고 잘 사는 데만 열중하게 만들면 그만입니다. 하지만 잘 먹고살기 위해서라면 수단과 방법을 가리지 않는 사회를 이상적인 사회라고 여기는 사람은 없을 것입니다.

잘 먹고 잘 살게 해 준다는 말에는 정치권력을 독점하고 사회 구조를 고착화하려는 불순한 의도가 숨어 있기 십상입니다. 정치 현안에 무관심하고 사회의 구조적 문제를 외면한다면 안거낙업의 세상은 결코 오지 않습니다. 안거낙업의 세상은 누군가가 만들어 주는 것이 아니라 우리의 힘으로 만들어 가야 하는 것입니다.

甘其食, 美其服, 安其居, 樂其俗.
감 기 식   미 기 복   안 기 거   낙 기 속

제 음식을 맛있다 여기고 제 옷을 곱다 여기며 제 집을 편안하다 여기고 제 풍속을 즐겁다 여긴다.『도덕경』

143 진보 아니면 퇴보

겨울철에는 매서운 한파로 인해 종종 수도 계량기 동파 사고가 일어나고는 합니다. 동파를 막는 간단한 방법으로 수돗물을 조금씩 틀어 놓고는 하는데요. 이렇게 하면 기온이 영하 15도까지 떨어져도 문제없다고 합니다. 흐르는 물은 얼지 않기 때문입니다.

옛사람들이야 수도 계량기 동파를 걱정할 일은 없었지만 날씨가 추워지면 다른 걱정이 있었습니다. 아시다시피 옛날에는 붓에 먹물을 묻혀서 글씨를 썼는데, 기온이 영하로 내려가면 먹물이 얼면서 붓이 얼어붙기 때문입니다. 얼어붙은 붓을 억지로 녹이려고 하면 붓이 상하게 됩니다. 붓이 얼지 않게 하려면 계속해서 글씨를 쓰는 수밖에 없습니다.

중국 남북조 시대에 진원강(陳元康)이라는 사람이 있었습니다. 그는 문서를 작성하는 역할을 맡은 관원이었습니다. 어느 눈 내리는 추운 겨울밤, 황제가 그에게 명령서를 받아 적게 했습니다. 진원강은 능숙하게 눈 깜짝할 사이 수십 장을 써 내려갔습니다. 붓이 얼 틈도 없었습니다. 그는 이 일로 황제의 신임을 받게 되었습니다. 여기서 운필부동(運筆不凍), 곧 움직이는 붓은 얼지 않는다는 말이 생겼습니다.『태평광기』에 나오는 이야기입니다.

우리 몸도 건강을 유지하려면 끊임없이 움직여 줘야 합니다. 모든 사물은 움직임을 멈추는 순간부터 점차 능력을 상실하고 쇠퇴의 길로 접어들게 됩니다. 생존을 위해 부단한 쇄신과 노력이 필요한 이유입니다. 현재의 상태에 안주하는 그때, 몰락은 이미 시작되는 것입니다.

조선 중기의 학자 농암(農巖) 김창협(金昌協)이 말했습니다.

천하의 이치는 진보하지 않으면 반드시 퇴보하는 법이다. 천체는 날마다 운행하지 않으면 반드시 추락하고, 물은 날마다 흐르지 않으면 반드시 썩고, 거울은 날마다 닦지 않으면 반드시 흐려지고, 몸은 날마다 씻지 않으면 반드시 때가 낀다. 다른 것도 모두 마찬가지이다.

세상의 모든 사물은 끊임없이 움직임으로써 현재의 상태를 유지합니다. 움직임을 멈추면 현상 유지조차 어렵습니다. 앞으로 나아가려는 노력이 없으면 제자리에 머물러 있는 것이 아니라 오히려 뒤처집니다. 계속해서 진보하려 노력해도 제자리를 벗어나기 어려운데, 제자리에 머물러 있다면 퇴보는 필연적인 결과입니다.

진보 아니면 퇴보뿐입니다. 중간은 없습니다.

天下之理, 不進則必退.
천 하 지 리　부 진 즉 필 퇴

천하의 이치는 진보하지 않으면 반드시 퇴보한다. 『농암집』

144 혼탁한 세상 속에서

거세개탁(擧世皆濁)이라는 말이 있습니다. 온 세상이 모두 혼탁하다는 뜻으로, 기원전 3세기경 중국 전국 시대 초나라 사람 굴원(屈原)이 지은 「어부사(漁父辭)」에 나오는 말입니다.

굴원은 초나라의 귀족 출신으로 세 임금을 섬긴 원로대신이었으나 왕에게 바른말을 했다가 조정에서 쫓겨났습니다. 갈 곳이 없어진 그는 강가를 거닐다가 한 어부를 만났습니다. 어부가 굴원을 알아보고 그곳에 온 이유를 묻자 굴원이 대답했습니다.

"온 세상이 혼탁한데 나만 홀로 깨끗하고, 온 세상이 술에 취했는데 나만 홀로 깨어 있소. 이 때문에 쫓겨난 것이오."

굴원의 대답을 들은 어부가 충고했습니다.

"온 세상이 혼탁하면 똑같이 진흙탕을 휘저으면서 흙탕물을 마시면 되고, 온 세상이 술에 취했으면 술지게미나 탁주라도 얻어먹으면 되지, 무엇하러 깊이 생각하고 고상하게 행동하다가 스스로 쫓겨나게 만들었소?"

하지만 굴원은 자기 뜻을 굽히지 않고 말했습니다.

"새로 머리를 감은 사람은 갓의 먼지를 털어서 쓰고, 새로 목욕한 사람은 옷의 먼지를 털어서 입는 법이오. 내 차라리 강물에 빠져 죽을지언정 깨끗한 몸으로 더러운 세상에 살 수는 없소."

굴원의 말을 들은 어부는 이야기해도 소용없다는 것을 깨닫고 배를 타고 떠나며 이렇게 노래했습니다.

"창랑(滄浪)의 물이 맑으면 내 갓끈을 씻고 창랑의 물이 흐리면 내 발을 씻으리라."

세상이 깨끗하면 깨끗한 대로, 더러우면 더러운 대로 적당히 맞춰 살라는 말입니다. 하지만 굴원은 뜻을 굽히지 않았습니다. 더럽고 어지러운 세상에서도 깨끗하고 바르게 살고자 했던 굴원은 결국 현실과 이상의 격차를 좁히지 못하고 스스로 강물에 뛰어들어 생을 마쳤습니다. 굴원의 「어부사」는 미쳐 돌아가는 세상 속에서 홀로 깨어 있는 지식인의 고뇌와 좌절을 보여 주는 글입니다.

'거세개탁', 온 세상이 혼탁합니다. 혼탁한 세상을 살아가는 두 가지 방법 중 어느 쪽을 선택해야 하는지는 굴원의 시대로부터 2300년이 지난 지금에도 여전히 숙제로 남아 있습니다.

擧世皆濁我獨清, 衆人皆醉我獨醒.
거 세 개 탁 아 독 청   중 인 개 취 아 독 성

온 세상이 혼탁한데 나만 홀로 깨끗하고, 온 세상이 술에 취했는데 나만 홀로 깨어 있다. 『초사』

145 돈은 귀신도 부린다

돈은 귀신과 통하는 것도 가능하다는 뜻의 전가통신(錢可通神)이라는 말이 있습니다. 쉽게 말해 돈만 있으면 귀신도 부린다는 말입니다.

중국 당나라 정승 장연상(張延賞)이 오래전의 사건을 조사하다가 당시 사건이 잘못 처리되는 바람에 억울한 일을 당한 사람이 많다는 사실을 알게 되었습니다. 그는 담당 관리를 불러다가 엄하게 꾸짖고는 사건을 다시 조사해서 열흘 안에 마무리 짓겠다고 선언했습니다.

이튿날 장연상이 출근하니 책상에 쪽지가 한 장 있었습니다. 돈 3만 관을 줄 테니 조사를 중지하라는 내용이었습니다. 장연상은 화를 내며 조사를 재촉했습니다. 다음 날 또 쪽지가 놓여 있었습니다. 돈 5만 관을 주겠다는 것이었습니다. 장연상은 더욱 화를 내며 이틀 안에 사건을 끝내겠다고 하였습니다. 그다음 날도 쪽지가 놓여 있었습니다. 이번에는 무려 10만 관을 주겠다는 것이었습니다. 장연상은 조사를 중지했습니다. 자제들이 이유를 묻자 그가 말했습니다.

"돈 10만 관이면 귀신도 부릴 수 있으니 되돌리지 못할 일이 없다. 나는 화를 당할까 두려워 돈을 받지 않을 수 없었다."

『태평광기』에 나오는 이야기입니다. 돈이 욕심나서가 아니라 돈의 힘이 무서워 법을 굽히지 않을 수 없었던 것입니다. 돈의 유혹을 이겨 낼 수 있는 사람도 돈의 힘에는 굴복하지 않을 수 없습니다.

『사기』「화식열전」에 말했습니다.

평범한 백성은 상대방의 재산이 자기보다 열 배 많으면 자신을 낮추고, 백 배 많으면 두려워하고, 천 배 많으면 시키는 일을 하고, 만 배 많으면 노예가 된다. 이것이 세상의 이치이다.

상대방의 재산이 나보다 약간 많은 정도라면 꿇릴 것이 없지만, 그 차이가 커질수록 상대방에게 종속적인 처지가 된다는 것입니다. '재산 차이가 만 배면 노예가 된다.' 한자로 만즉복(萬則僕)입니다. 일만 만, 곧 즉, 종 복, 만즉복은 돈이 곧 권력이 되는 세상의 이치를 설명한 말입니다.

과거에는 돈이 있어도 정치권력의 눈치를 보지 않을 수 없었습니다. 군사 정권 시절, 한 대기업 회장은 가장 두려운 것이 무엇이냐는 질문에 망설임없이 '정변'이라고 하였습니다. 정치권력 앞에 무력한 경제인의 처지를 대변한 말입니다. 하지만 지금은 다릅니다. 이제는 경제 권력이 정치권력을 압도하고 있다고 해도 과언이 아닙니다. 경제 권력에 자신을 낮춘 정치권력이 기업의 자율이라는 미명하에 계속해서 경제 권력의 전횡을 방기한다면, 정치권력은 끝내 경제 권력에 종속되고 말 것입니다.

凡編戶之民 …… 萬則僕.
범 편 호 지 민   만 즉 복

평범한 백성은 상대방의 재산이 자기보다 만 배 많으면 노예가 된다.『사기』

146 들어주지 않아도 말한다

말을 해 봤자 소용없는 경우가 있습니다. 한자로 언지무익(言之無益)이라고 합니다. 말씀 언, 어조사 지, 없을 무, 더할 익. 말을 해 봐야 도움이 되지 않는다는 뜻입니다. 이야기를 해도 소용없을 것 같은 사람 앞에서는 아예 입을 다물게 되지요. 그렇지만 들어주지 않을 게 뻔하다고 침묵하는 것이 과연 현명한 태도인지는 생각해 볼 필요가 있습니다.

조선 후기 학자 병계(屛溪) 윤봉구(尹鳳九)의 말입니다.

입을 다물고 말하지 않는 사람들은 항상 말을 해 봤자 소용이 없다고 말한다. 하지만 그렇지 않다. 세상이 말세가 된 이래로 군자의 말을 들어준 적이 언제 있었는가. 그렇지만 군자가 관직에 있으면서 소용이 없다고 말을 하지 않은 적은 없다. 송나라의 주자가 상소를 올려 허다한 말을 하였지만 그중에 반 개라도 들어준 것이 있었는가. 그런데도 말하기를 그만두지 않았으니 어찌 생각이 없었겠는가. 비록 말을 들어주지 않더라도 세상을 유지하는 역할이 크기 때문이다.

요새 몇몇 사람이 직언을 했다가 먼 곳으로 귀양을 갔는데, 오늘날 국가가 유지되고 있는 것은 이 몇몇 사람 덕택이다. 말을 해 봤자 소용이 없다고 비웃는 사람들이 어찌 이것을 알겠는가.

사람들은 말을 해 봤자 소용없다며 입을 다물지만, 원래 세상은 바른말을 잘 들어주지 않는 법입니다. 오히려 바른말을 하는 사람에게 불이익을 주는 경우가 많습니다. 그래도 굴하지 않고 말하는 사람이 있기 때문에 세상이 이만큼이라도 유지되고 있다는 것입니다. 말한들 통하지 않는다고 입을 다물면 세상은 더욱 암담해질 것입니다. 이것이 바로 들어주지 않는다 해도 끊임없이 말을 해야 하는 이유입니다.

말해도 변화가 없을 때는 입을 다무는 게 나을 것 같지만, 입을 다무는 순간 남아 있던 소통의 가능성은 완전히 사라집니다. 세상이 그래도 조금씩이나마 바뀌고 있는 것은 말을 해 봤자 소용이 없다는 것을 알면서도 과감히 말하는 사람들 덕분입니다.

들어주지 않아도 괜찮으니 말이라도 마음껏 하게 해 주었으면 좋겠습니다.

君子在位, 則曾不以無益而不言.
군 자 재 위   즉 증 불 이 무 익 이 불 언

군자가 관직에 있으면서 소용이 없다고 말을 하지 않은 적은 없다. 『병계집』

147 때 이른 죽음 앞에서

비명횡사(非命橫死)라는 말이 있지요. 제 명대로 살지 못하고 뜻밖에 맞이한 때 이른 죽음을 가리킵니다. 때 이른 죽음을 마음 아파하는 이 말에서 '명'이란 무엇을 뜻하는지 생각해 봅니다.

죽음은 인간이라면 어느 누구도 피할 수 없는 운명입니다. 지위가 높은 사람도 낮은 사람도, 돈이 많은 사람도 적은 사람도 피할 수 없는 것이 죽음입니다. 이 점으로 말하자면 죽음은 누구에게나 공평하다고 하겠습니다.

그렇지만 죽음이 찾아오는 시기는 같지 않습니다. 어떤 사람은 얼마 살지 못하고 죽고, 어떤 사람은 오래 살다가 죽기도 합니다. 훌륭한 인격과 뛰어난 능력을 가진 사람이 요절하고, 남에게 피해만 끼치는 악독한 사람이 장수하기도 합니다. 이 점으로 말하자면 죽음은 참으로 불공평하다고 하겠습니다.

부모님이 돌아가시는 것은 몹시 슬픈 일이지만 자식 된 사람으로서는 한 번은 겪어야 하는 일입니다. 사람은 누구나 죽는 법이고, 부모님은 나보다 오래 사셨으니 먼저 돌아가시는 것이 자연스러운 이치이기 때문입니다. 하지만 거꾸로 자식이 부모보다 먼저 죽는다면 이것은 자연스러운 이치가 아닙니다. 사람은 누구나 죽는다는 말로 위로할 수도 없습니다. 자식 잃은 부모의 슬픔은 부모 잃은 자식의 슬픔보다 훨씬 큽니다. 예로부터 부모보다 먼저 죽는 것을 가장 큰 불효로 여긴 이유가 바로 이 것입니다.

『묵자』「명귀(明鬼)」편에 "선생자선사(先生者先死)"라는 말이 있습니다. 먼저 태어난 사람이 먼저 죽어야 한다는 말입니다. 생명을 가진 존재는 영원히 살 수도 없고, 영원히 살아서도 안 됩니다. 새로운 생명에게 자리를 내주어야 하기 때문입니다. 먼저 태어난 생명은 새로운 생명을 위해 기꺼이 삶을 양보하고 먼저 죽음을 맞이합니다. 이것은 자연의 이치입니다. 사람도 마찬가지입니다. 죽음을 피할 수 없는 것이 인간의 운명이고, 새로운 생명을 위해 누군가 죽어야 한다면 먼저 태어난 사람이 먼저 죽어야 합니다.

우리는 죽음을 없앨 수는 없지만 자연의 이치를 거스르는 죽음을 줄일 수는 있습니다. 모든 사람이 타고난 수명을 다 누릴 수 있게 불의의 사고가 일어나지 않도록 최선을 다해 막는 것입니다.

先生者先死.
선 생 자 선 사

먼저 태어난 사람이 먼저 죽어야 한다.『묵자』

148 내면이 부족하면 겉치레에 힘쓴다

형편에 맞지 않게 겉만 번드르르하게 꾸미는 것을 허례허식(虛禮虛飾)이라고 합니다. 오랫동안 우리 사회의 병폐로 자리 잡은 이 허례허식을 유교 문화의 잔재로 보는 사람이 많은데요. 유교에서는 형편에 맞게 예를 지키라고 했지, 형편에 맞지 않는 허례허식을 하라고 강요한 적이 없습니다.

허례허식은 유교 문화권에만 있는 것이 아니라 세계 어디에나 존재합니다. 더구나 우리나라의 유교 문화는 갈수록 사라지고 있는데 허례허식은 사라지기는커녕 더욱 성행하는 것으로 보아, 허례허식을 단순히 유교의 잔재로 치부하기는 어렵지 않은가 합니다.

성호 이익이 말했습니다.

소인들은 거친 음식도 배불리 먹지 못하고 다 떨어진 옷도 제대로 입지 못하면서 간혹 저잣거리에 나갈 때면 반드시 좋은 옷을 입으려 한다. 심지어 이웃의 옷을 빌려 입고 남에게 뽐내기도 한다. 어쩌다 자기보다 더 잘 입은 사람을 만나면 자기 옷차림이 그보다 못한 것을 부끄럽게 여기고 집안 살림이 거덜 나는 것도 생각하지 않는다. 내면이 부실하므로 겉치레에 힘쓰기를 그치지 않는 것이다.

예법을 제정할 적에는 가난하고 미천한 사람을 기준으로 삼아야 한다. 천자의 맏아들이라도 처음 태어날 적에는 가난하고 미천한 사람일 뿐이다. 더구나 선비에게 부귀란 원래 가진 것이 아니라 어쩌다 오는 것이다. 어쩌다 오는 것을 당연히 지켜야 하는 법으로 삼아서야 되겠는가. 그런데 세상 사람들은 이런 뜻을 이해하지 못하고 책에 적혀 있는 것만 보고서 과시하며 만족하고, 따라 하지 못하는 사람이 있으면 비웃기에 겨를이 없다. 내면이 부족한 수많은 사람들이 분에 넘치게 높은 벼슬아치와 맞먹으려 하면서 재물을 낭비하니, 국가도 개인도 가난에 시달리지 않을 수 있겠는가.

겉치레에 힘쓰는 이유는 내면이 부실하기 때문이라고 하였습니다. 부실한 내면을 감추기 위해 외면을 화려하게 꾸미는 허세와 남에게 인정받으려는 욕망이 허례허식을 만든 것입니다. 비쌀수록 잘 팔리는 이상한 우리의 소비문화 역시 부족한 내면을 감추고자 하는 욕망의 소산이 아닐까요.

內不足, 故務外不止也.
내 부 족   고 무 외 부 지 야

내면이 부실하므로 겉치레에 힘쓰기를 그치지 않는다.『성호사설』

149 스스로 머리를 부딪치다

같은 사람의 말과 행동의 앞뒤가 맞지 않는 것을 두고 자가당착(自家撞着)이라고 하지요. 스스로 자, 집 가, 때릴 당, 붙을 착. 스스로 때린다는 말입니다. 자주 쓰이는 말이지만 그 뜻은 널리 알려져 있지 않은데요. 자가당착은 중국 선종의 승려 남당원정(南堂元靜)이 지은 시에 나오는 말입니다.

> 수미산은 높아서 꼭대기가 보이지 않고
> 바다는 깊어서 바닥이 보이지 않네
> 흙을 파고 먼지를 털어도 찾을 곳 없는데
> 고개를 돌리다가 부딪히니 자기 자신이로구나

역대 고승들이 남긴 명언을 엮은 『선림유취(禪林類聚)』에 실려 있는 시입니다. 수미산은 불교에서 세계의 중심에 있다고 하는 상상의 산입니다. 워낙 높아서 꼭대기가 보이지 않을 정도입니다. 반대로 바다는 너무 깊어서 바닥이 보이지 않습니다. 꼭대기가 보이지 않을 정도로 높은 수미산과 바다를 가늠할 수 없는 깊은 바다를 다 뒤져도 진리를 찾을 수는 없다고 하였습니다. 진리는 자신의 내면에서 찾아야 하는 것이기 때문입니다. 진리를 찾는답시고 엉뚱한 곳을 이리저리 헤매다 보면 스스로 제 머리를 어딘가에 부딪치는 것처럼 모순에 빠지게 됩니다. 이것이 바로 자가당착입니다.

자가당착은 자신의 잘못을 합리화하는 과정에서 생기기 마련입니다. 잘못을 저질러 놓고는 잘못이 없는 것처럼 변명하려다 보니 스스로 만들어 낸 모순에 빠지게 되는 것입니다. 잘못을 인정하지 않으려다 자가당착에 빠지면, 잘한 것까지 무위로 돌아갈 수 있습니다. 자가당착에서 벗어나려면 깨끗이 잘못을 인정해야 합니다. 스스로 머리를 부딪치는 일을 피하는 방법은 이것뿐입니다.

回頭撞着自家底.
회 두 당 착 자 가 저

고개를 돌리다가 부딪히니 자기 자신이로구나.『선림유취』

150 각자 살길을 찾는다는 것

우리나라와 중국, 일본은 모두 한자를 공용 문자로 사용한 경험이 있거나 현재 사용하고 있는 나라들입니다. 이처럼 한자를 매개로 문화를 발전시켜 온 나라들을 묶어 한자 문화권이라고 합니다. 한자 문화권에 속하는 나라들이 사용하는 한자는 조금씩 다르긴 하지만 크게 보면 대체로 비슷합니다. 네 글자의 한자로 이루어진 고사성어를 사용한다는 것도 한자 문화권에 속하는 나라들의 공통적인 특징입니다.

그런데 중국이나 일본에서는 거의 사용하지 않는 반면, 유독 우리나라에서만 자주 사용하는 고사성어가 있습니다. 함흥차사(咸興差使), 아전인수(我田引水), 십시일반(十匙一飯) 등이 그 예입니다. 함흥차사는 조선 시대의 역사적 사건에서 비롯된 성어이며, 아전인수는 벼농사를 위주로 하는 우리의 농업적 특색을 반영하는 성어입니다. 그리고 십시일반은 앞서 언급했듯 숟가락으로 밥을 먹는 우리의 식사 문화에서 생긴 성어입니다. 이러한 고사성어는 중국, 일본과 다른 우리나라만의 특색을 잘 보여 주는 것이라고 하겠습니다.

우리나라에서만 쓰이는 고사성어라고 꼭 좋은 것만 있는 것은 아닙니다. 8만 권에 가까운 중국 고전을 모아 놓은 『사고전서(四庫全書)』에는 단 한 번도 나오지 않지만 우리 고전에는 심심치 않게 등장하는 고사성어가 하나 있습니다. 바로 각자도생(各自圖生)입니다. 각각 각, 스스로 자, 도모할 도, 날 생. 각자 스스로 살기를 도모한다는 뜻입니다. 각자도생은 아무도 책임지지 않고, 아무도 도와주지 않고, 아무도 믿을 수 없는 상황에서 각자 스스로 살길을 찾을 수밖에 없었던 평범한 사람들의 뼈저린 경험에서 생겨난 말입니다.

불행하게도 각자도생이라는 고사성어는 오늘날의 대형 재난 사고에서 다시 한 번 증명되었습니다. 각자도생한 사람들은 가까스로 살아남았고, 차분히 통제에 따른 사람들은 목숨을 잃었습니다. 안전을 책임진 사람들이 책임을 저버렸기 때문입니다. 앞으로는 사고가 일어나면 통제를 따르지 말고 각자 살길을 찾아야 한다는 자조 섞인 목소리가 나오는 것도 이 때문입니다.

우리 사회의 시민 의식이 경제 수준에 비해 형편없다고들 합니다. 하지만 법과 질서를 지키고 타인을 배려하는 시민 의식은 내가 사회로부터 보호를 받는다는 믿음이 있을 때 비로소 발휘될 수 있습니다. 각자 살길을 찾아야 하는 사회에서 시민 의식이 성숙할 리 없습니다. 스스로 살아남기 위해서는 남에게 해를 끼치는 것을 돌아볼 겨를이 없기 때문입니다. 우리는 도대체 언제까지 각자도생할 수밖에 없는 세상을 살아가야 하는 것일까요.

惟謀各自圖生, 不顧害及於人.
유 모 각 자 도 생   불 고 해 급 어 인

오직 각자 스스로 살기를 도모하느라 남에게 해를 끼치는 것은 돌아보지 않는다.

『인정』

출전

329

일일공부

하루 한 편
삶을 바꾸는 고전 수업

1판 1쇄 펴냄 2014년 8월 1일
1판 3쇄 펴냄 2017년 6월 30일

지은이 장유승
발행인 박근섭·박상준
펴낸곳 (주)민음사

출판등록 1966. 5. 19. 제16-490호
주소 서울특별시 강남구 도산대로1길 62(신사동)
강남출판문화센터 5층 (우편번호 06027)
대표전화 515-2000 | 팩시밀리 515-2007
홈페이지 www.minumsa.com

ISBN 978-89-374-8936-5 (03910)